신문이 보이고 뉴스가 들리는 **24**
재미있는
탐험 이야기

신문이 보이고 뉴스가 들리는 ㉔
재미있는 **탐험 이야기**

개정판 1쇄 발행 | 2014년 6월 18일
개정판 5쇄 발행 | 2019년 2월 26일

지 은 이 | 김영 송영심
그 린 이 | 윤유리
감   수 | 서울대학교 뿌리깊은 역사나무

펴 낸 곳 | (주)가나문화콘텐츠
펴 낸 이 | 김남전
편   집 | 김영남 이보라
외 주 편 집 | 유지현
디 자 인 | 정란
외주 디자인 | 이순영
마 케 팅 | 정상원 한웅 정용민 김건우
관   리 | 임종열 김하은
콘텐츠 연구소 | 유다형 이정순 박혜연 정란

출 판 등 록 | 2002년 2월 15일 제10-2308호
주   소 | 경기도 고양시 덕양구 호원길 3-2
전   화 | 02-717-5494(편집부) 02-332-7755(관리부)
팩   스 | 02-324-9944
홈 페 이 지 | www.ganapub.com
이 메 일 | admin@anigana.co.kr

ISBN 978-89-5736-670-7(74900)

*책값은 뒤표지에 표시되어 있습니다.
*이 책의 내용을 재사용하려면 반드시 (주)가나문화콘텐츠의 동의를 얻어야 합니다.
*잘못된 책은 구입하신 서점에서 바꾸어 드립니다.

*'가나출판사'는 (주)가나문화콘텐츠의 출판 브랜드입니다.

이 도서의 국립중앙도서관 출판시도서목록(CIP)은 서지정보유통지원시스템홈페이지(http://seoji.nl.go.kr)와
국가자료공동목록시스템(http://www.nl.go.kr/kolisnet)에서 이용하실 수 있습니다.(CIP제어번호: CIP2014014340)

• 제조자명 : (주)가나문화콘텐츠
• 주소 및 전화번호 : 경기도 고양시 덕양구 호원길 3-2 / 02-717-5494
• 인쇄일 : 2019년 2월 19일
• 제조국명 : 대한민국
• 사용연령 : 4세 이상 어린이 제품

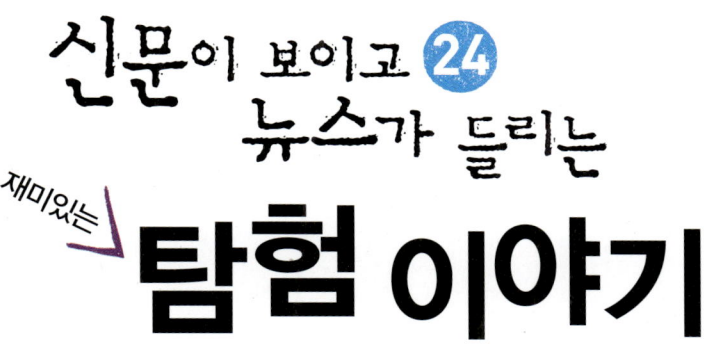

신문이 보이고 뉴스가 들리는 재미있는 탐험 이야기

24

글 김영·송영심 | 그림 윤유리
감수 서울대학교 뿌리깊은 역사나무

가나출판사

| 머리말 |

인류의 역사를
　　　새로 쓴 도전, 탐험

우리는 누구나 알 수 없는 세계를 대할 때 큰 두려움을 느끼지요. 그런데 이런 두려움을 이겨 내고 아무도 가 보지 않은 미지의 세계로 찾아간 사람들이 있어요. 바로 탐험가들이에요.

옛날부터 탐험가들은 여러 이유로 여행에 나섰어요. 하지만 이들에게는 공통점이 있지요. 바로 끈기와 노력, 모험에 대한 깊은 애정, 목표를 이루기 위해서 죽음도 무릅쓰는 용기예요.

그러나 모든 탐험의 결과가 반드시 좋지만은 않았어요. 탐험을 통해 새로운 땅을 찾아낸 유럽인들은 총칼로 평화롭게 살던 원주민의 문화와 삶을 마구 파괴했지요. 이런 사실은 우리가 탐험의 역사를 통해 배우고 반성해야 할 점이에요.

오랫동안 탐험가들의 노력으로 오늘날 지구 곳곳의 비밀은 대부분 다 밝혀졌어요. 사람들은 이제 깊은 바다나 우주로 관심을 돌리고 있지요. 어떤 사람들은 높은 산이나 추운 극지방처럼 다가가기 힘든 자연 자체에 도전하기 시작했어요. 이런 도전 정신이야말로 우리가 살아가는 데 새로운 가치를 추구하게 만든답니다.

여러분도 이 책을 읽고 자신의 꿈을 향해 나아가는 도전 정신을 기르면 정말 좋겠어요.

어린이책 전문 기획 집필자
김 영

인간 승리의 기록,
탐험의 역사 속으로!

눈을 들어 하늘을 올려다보세요. 뭉게구름이 흘러가는 파란 하늘이 눈에 들어오지요? 그 하늘을 날아 본다고 생각해 보세요. 아니면 그 하늘을 통과하여 우주로 여행을 떠난다고 상상해 보세요. 가슴이 두근거리지 않나요?

탐험이란 그런 것이랍니다. 인류의 역사가 시작된 이래 인간이 한 번도 경험해 보지 않았던 미지의 세계를 무한한 탐구심과 용기를 가지고 탐사해 보는 것이지요. 이 책에 담겨 있는 탐험의 역사는 땀과 용기, 인내와 불굴의 의지, 그리고 어려움을 슬기롭게 극복한 지혜가 한데 모인 인간 승리의 드라마예요. 한 줄 한 줄 읽을 때마다 때로는 손에 땀이 쥐어지기도 하고, 때로는 가슴이 쿵쿵 뛰기도 하지요.

이 책을 읽는 여러분도 얼마든지 탐험가가 될 수 있어요. 다만, 탐험을 하더라도 자연이나 선사 시대 문화에서 살고 있는 사람들을 무리하게 문명으로 이끌거나 그들의 문화를 파괴하면 안 돼요. 이런 점을 잘 기억하면서, 아직 알려지지 않은 세계를 향해 호기심과 도전 정신을 품어 보세요. 역사가 여러분을 위대한 탐험가로 기록할 것이랍니다.

그럼, 어린이 여러분! 신 나는 탐험의 세계를 향해 다같이 출발해 볼까요?

역사 교과서 집필 위원
현 중동중학교 역사 교사 송영심

| 추 천 의 글 |

21세기의 새로운 가능성을
　　찾아 나설 탐험가들을 위해서

　우리는 인류를 호모 사피엔스, 즉 '생각하는 사람'이라고 합니다. 그렇다면 우리의 먼 조상들은 무슨 생각을 했을까요? 척박한 환경 속에서 살아남을 것을 걱정하고, 외부의 적으로부터 자신들을 보호할 수 있는 여러 방법을 찾으려고 했을 것입니다. 그리고 또 하나, 지금보다 더 나은 삶을 누리기 위해서 새로운 가능성을 찾아 '탐구'와 '탐험'을 하였지요.

　그래서인지 '탐험하는 사람'의 후손인 우리들은 두려움과 고난을 이겨내고, 새로운 모험을 찾아 나선 용기 있는 사람들의 이야기에 흥미를 가지게 되요. 겁 없이 길을 나선 그들로 인해 새로운 길이 열리고, 낯선 사람들에 대한 정보와 다양한 탐구의 결과물이 교환될 수 있었기 때문입니다. 세계사가 수많은 탐험가들의 모험담으로 가득 차고, 그들의 업적을 소리 높여 기억하려 하는 것은 당연한 일입니다.

　그러나 탐험의 결과가 늘 해피엔딩은 아니었어요. 탐험가들이 지나갔던 길을 따라 정복과 약탈, 질병과 파괴가 뒤를 잇기도 했습니다. 탐험이 우리에게 남긴 비극 또한 잊지 말아야 할 교훈으로 세계사의 한 페이지를 장식하고 있습니다. 이렇게 탐험이 우리 인류의 역사에 남

긴 중요성에도 불구하고, '탐험의 세계사'를 한눈에 살펴볼 수 있는 책은 쉽게 찾아볼 수 없었습니다.

《신문이 보이고 뉴스가 들리는 재미있는 탐험 이야기》는 '탐험하는 사람'의 역사를 한 권에 담고 있습니다. 이 책은 탐험의 세계를 열었던 고대부터 최후의 미개척지인 우주를 탐험하는 현대에 이르기까지 탐험의 역사를 빛내 주었던 위대한 탐험가들을 잘 소개하고 있습니다. 또한 탐험의 영광뿐만 아니라 탐험의 결과로 발생한 비극을 함께 다루고 있어, 여러분이 공정한 눈으로 탐험을 다시 생각해 볼 수 있게 해 줄 것입니다.

가슴 두근거리는 탐험의 세계사를 통해, 여러분 또한 어떤 어려움에도 굴하지 않고 새로운 가능성의 세계를 찾아가는 21세기의 위대한 탐험가가 될 수 있기를 기대합니다. 그래서 여러분의 이름이 탐험의 세계사를 장식하는 가슴 설레는 이야기와 더불어 영원히 간직될 수 있다면 얼마나 멋질까요?

서울대학교 뿌리깊은 역사나무
김태웅 교수

| 차례 |

머리말 · 4
추천의 글 · 6

1장 인류, 탐험의 세계로 나서다 · 12

1 이집트를 여행한 역사학의 아버지, 헤로도토스 기원전 454~기원전 445년 · 14
2 탐험의 길을 연 정복자, 알렉산드로스 대왕 기원전 334~기원전 324년 · 18
3 알프스 산맥을 넘어 로마로 진격한 한니발 기원전 218년 · 22
4 흉노를 정벌하려다 비단길을 개척한 장건 기원전 139~기원전 126년 · 26
5 서역을 누빈 고구려인 당나라 장수, 고선지 747~751년 · 30
6 최초로 그린란드와 북아메리카에 간 바이킹 982년, 1002년 · 34
7 유럽에 아시아를 알린 마르코 폴로 1271~1295년 · 38
8 아라비아 최고의 여행가, 이븐 바투타 1325~1354년 · 42
9 수십 척의 선단으로 바다를 누빈 대항해가, 정화 1405~1433년 · 46
탐험 지식 플러스 인류 최초의 탐험가들은 누구였나요? · 50

2장 바닷길을 열고 미지의 땅을 정복하다 · 52

1 아프리카 항해의 개척자, 엔히크 1418~1460년 · 54
2 아프리카의 남쪽 끝에 닿은 바르톨로메우 디아스 1487~1488년 · 58
3 아메리카 대륙에서 인도를 외친 콜럼버스 1492년 · 62
4 북아메리카를 중국으로 착각한 캐벗 1497년 · 66
5 희망봉을 돌아 인도에 도착한 바스쿠 다 가마 1497~1498년 · 70
탐험 지식 플러스 서유럽, 온 세계로 뻗다! 대항해 시대 · 74

3장 황금과 식민지를 찾아 나서다 · 76

1 아스테카 제국의 파괴자, 코르테스 1519~1521년 · 78
2 지구가 둥글다는 것을 증명한 마젤란 1519~1522년 · 82
3 잉카 제국을 멸망시킨 피사로 1530~1533년 · 86
4 황금의 도시를 찾으려다 아마존 강을 탐험한 오레야나 1541~1542년 · 90
5 영국의 영웅, 에스파냐의 적, 드레이크 1577~1580년, 1588년 · 94
6 뉴질랜드를 발견한 타스만 1642~1644년 · 98
7 시베리아 북극해안을 누빈 베링 해협의 주인공, 베링 1728년, 1741년 · 102
8 태평양의 지도를 다시 그린 제임스 쿡 1768~1779년 · 106
탐험 지식 플러스 노예가 된 아메리카와 아프리카의 원주민들 · 110

4장 지식 탐구를 위해 떠나다 · 112

1 학술 탐험의 선구자, 훔볼트 1799~1804년, 1829년 · 114
2 탐사 여행의 결과로 세계를 뒤흔든 다윈 1831~1836년 · 118
3 아프리카를 횡단한 리빙스턴 1841~1873년 · 122
4 앙코르 와트를 유럽에 알린 앙리 무오 1858~1861년 · 126
5 트로이 전쟁의 신화를 역사로 만든 슐리만 1871~1890년 · 130
6 바다의 비밀을 캐낸 챌린저호 1872~1876년 · 134
탐험 지식 플러스 지도는 어떻게 읽어야 하나요? · 138

5장 | 극한의 세계에 도전하다 · 140

1 북극해 탐험의 길을 연 난센 1893~1896년 · 142
2 비행기로 하늘을 날다! 라이트 형제 1903년 · 146
3 마침내 북극점을 정복한 피어리 1908~1909년 · 150
4 남극점을 향해 달린 아문센과 스콧 1910~1912년 · 154
5 졸음과 싸우며 대서양을 횡단한 린드버그 1927년 · 158
6 수중 호흡기로 해양 탐사의 길을 연 쿠스토 1943년 · 162
7 세계의 최고봉 에베레스트에 오른 힐러리와 텐징 1953년 · 166

탐험 지식 플러스 탐험가가 되려면 어떻게 해야 하나요? · 170

6장 최후의 미개척지를 향하여 · 172

1 인류 최초의 우주 비행사, 가가린 1961년 · 174
2 달 세계에 첫발을 딛은 암스트롱 1969년 · 178
3 3극점 7대륙 최고봉 등정에 성공한 허영호 1992~1995년 · 182
4 이웃 별 화성을 탐사한 마스 패스파인더 1996~1997년 · 186
5 우리나라 최초의 우주 발사체, 나로호 2013년 · 190
탐험 지식 플러스 미국 항공우주국 나사(NASA)가 궁금해요! · 194
한눈에 보는 탐험 속 세계사 동서를 잇는 교역로에는 어떤 길들이 있었나요? · 196

지은이와 쓴 글 | 사진 출처 · 198

찾아보기 · 199

나랑 아폴로 11호 타고 달 탐험 갈 사람?

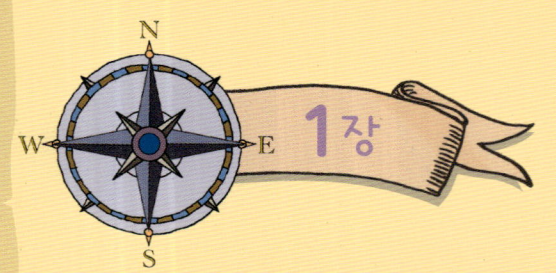

1장
인류, 탐험의 세계로 나서다

탐험의 역사는 아주 오래전에 시작되었어요.
기원전부터 사람들은 세계에 대한 궁금증을 지니고
고향을 벗어나 멀리까지 탐험을 다녔지요.
탐험가들은 강한 모험심으로 미지의 세계로 나서
세계 지도를 바꾸고 역사를 새로 썼어요.
그럼 고대부터 중세까지, 어떤 탐험가가 무슨 이유로
탐험에 나섰는지 함께 살펴볼까요?

메소포타미아 문명 시작	기원전 3500년
이집트 문명 시작	기원전 3000년
인더스 문명, 중국 문명 시작	기원전 2500년
로마 건국	기원전 753년

이집트를 여행한 역사학의 아버지, **헤로도토스** ① 기원전 454~기원전 445년

탐험의 길을 연 정복자, **알렉산드로스 대왕** ② 기원전 334~기원전 324년

알프스 산맥을 넘어 로마로 진격한 **한니발** ③ 기원전 218년

한 건국	기원전 202년

흉노를 정벌하려다 비단길을 개척한 **장건** ④ 기원전 139~기원전 126년

로마, 동서 분열	395년
서로마 제국 멸망	476년
당 건국	618년

서역을 누빈 고구려인 당나라 장수, **고선지** ⑤ 747~751년

송 건국	960년

최초로 그린란드와 북아메리카에 간 **바이킹** ⑥ 982년, 1002년

칭기즈 칸, 몽골 통일	1206년
원 건국	1271년

유럽에 아시아를 알린 **마르코 폴로** ⑦ 1271~1295년

아라비아 최고의 여행가, **이븐 바투타** ⑧ 1325~1354년

명 건국	1368년

수십 척의 선단으로 바다를 누빈 대항해가, **정화** ⑨ 1405~1433년

인류 최초의 탐험가들은 누구였나요?   탐험 지식 플러스

* 요즘엔 기원전(BC)을 공동연대 이전(BCE)으로, 기원후(AD)를 공동연대(CE)로 나타내기도 해요. 역사 연대를 나타낼 때 종교적 의미가 없는 말을 쓰기 위해서예요. 기원전과 기원후에는 예수가 태어나기 이전과 이후라는 의미가 담겨 있거든요.

1 이집트를 여행한 역사학의 아버지, 헤로도토스

기원전 484~기원전 425년

헤로도토스는 여행가이자 이야기꾼이었고, 역사가로 이름을 남긴 사람이에요. 그는 직접 발로 뛰어 탐험한 것들을 기록으로 남겼어요. 그의 고향은 이오니아 지방의 할리카르나소스예요. 이오니아는 지금의 터키 남서쪽에 속해요. 하지만 그가 살았던 당시에는 대제국 페르시아의 지배를 받고 있었지요.

> 난 기원전 454년부터 기원전 445년까지 페르시아 제국 영토 곳곳을 여행했어요.

이때 세계는?
페르시아 제국이 기원전 525년에 서아시아를 통일했어요. 영토가 넓은 페르시아 제국에는 여러 나라 문화가 섞여서 발전했어요.

그리스·페르시아 전쟁 탐사를 시작하다

이오니아는 원래 그리스의 땅이었어요. 그런데 기원전 546년, 페르시아에 의해 점령당하였지요. 이오니아 지역에서 살던 그리스인들은 합리적이고 자유로운 사고를 가지고 있었는데, 페르시아 제국의 억압적인 통치는 참을 수가 없었어요. 그래서 기원전 500년 경, 이오니아 지방의 그리스인들은 폭동을 일으켰어요. 이렇게 그리스·페르시아 전쟁이 일어나게 되었지요. 이 전쟁은 그리스의 승리로 끝이 났어요.

헤로도토스는 이오니아 지역에 살던 그리스인이었어요. 그리스인들은 지적 탐구 정신이 높았는데 그 역시 마찬가지였지요. 그는 그가 태어나기 전부터 시작된 그리스·페르시아 전쟁이 왜 일어났는지 궁금했어요. 그래서 직접 전쟁이 시작된 지역을 탐사해 보기로 했지요. 기원전 454년, 헤로도토스는 그리스·페르시아 전쟁에 대해 알아보려는 생각으로 집을 나섰어요.

페르시아 제국 병사와 싸우는 그리스 병사(오른쪽)

고대 문명의 발상지, 이집트를 가다

헤로도토스는 페르시아 제국 구석구석을 여행했어요. 그중 그가 가장 인상 깊게 생각한 곳은 아프리카 북부에 있는 이집트였어요. 그때는 이집트 역시 페르시아의 지배를 받고 있었지요. 비록 다른 민족의 지배를 받고 있었지만 이집트에는 오랫동안 찬란했던 문명의 흔적이 그대로 남아 있었어요.

헤로도토스가 이집트에 머무르는 동안 큰 홍수가 일어난 적이 있어요. 홍수가 끝나자 이집트인들은 나일 강이 넘친 곳을 측량하여 농지를 만들었지요. 그리고 비료도 쓰지 않고 씨를 뿌려 농사를 지었어요. 상류에서부터 쓸려 내려온 흙이 충분히 기름졌던 거예요.

헤로도토스는 탐험을 하며 보고 들은 것을 모두 글로 썼는데, 이 광경을 보고는 "이집트는 나일 강의 선물이다."라는 기록을 남겼어요.

이집트 나일 강 근처의 생활 모습

이집트가 수준 높은 문명을 이루며 살 수 있었던 건 비옥한 땅을 일궈 주는 나일 강 덕분이라고 생각한 거예요.

또 헤로도토스는 나일 강 하구에 '델타'라는 이름을 붙여 주었어요. 그곳에 흙과 모래가 삼각형 모양으로 쌓인 모습이 그리스 문자 델타(Δ)와 비슷해 보였기 때문이에요. 그 뒤로 강 하구에 흙모래가 쌓여 이루어진 평지를 델타(삼각주)라고 부르고 있지요.

'역사'의 의미를 바꾼 《역사》를 남기다

헤로도토스는 리디아와 페니키아는 물론 흑해 연안의 스키타이 지역까지 여행했어요. 그는 20여 개나 되는 나라들을 돌아본 뒤에 아테네로 갔지요. 고향을 떠난 지 10년 가까이 지난 기원전 445년 무렵이었어요.

헤로도토스는 아테네에서 여행 중에 보고 들은 이야기를 흥미롭게 풀어내어 이야기꾼으로 유명해졌어요.

하지만 헤로도토스의 꿈은 그리스·페르시아 전쟁에 대해 조사하고 연구한 내용을 기록으로 남기는 것이었지요. 사람들이 이루어 낸 일들이 시간이 지나면서 잊히는 일을 막고 싶었던 거예요. 그는 생생한 탐험 경험을 흥미진진한 이야기와 함께 기록했어

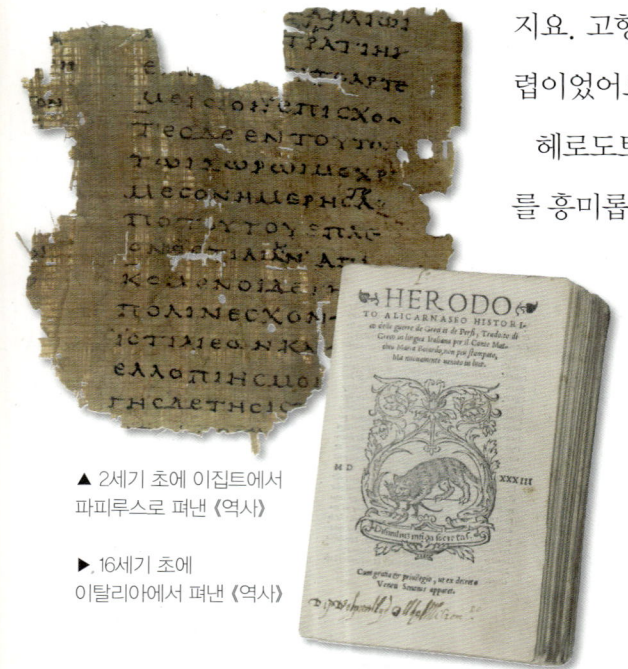

▲ 2세기 초에 이집트에서 파피루스로 펴낸 《역사》

▶ 16세기 초에 이탈리아에서 펴낸 《역사》

요. 이렇게 해서 탄생한 책이 모두 아홉 권에 달하는 《역사》랍니다.

헤로도토스는 스스로 《역사》가 탐사 보고서라고 했어요. 실제로 《역사》에는 그가 탐험한 지역의 지리, 풍속, 역사, 전해지는 이야기 등이 모두 실려 있어요. 이 내용들은 모두 흥미롭고 풍성한 세계사 자료가 되고 있지요.

그전까지 '역사'라는 말은 과거 일을 시간 순으로 적은 내용을 의미했어요. 하지만 헤로도토스가 《역사》를 쓴 이후부터 '역사는 역사가가 과거 일에 대해 깊이 생각하고 연구한 내용'이라는 의미를 갖게 되었지요. 그래서 그는 '역사학의 아버지'라고 불린답니다.

미라를 만들 때 꼬챙이가 필요한 이유

이집트 기자 지역에 위치한 쿠푸 왕의 피라미드는 이집트의 피라미드 중 가장 커요. 헤로도토스에 따르면, 10만 명의 노예가 20년 동안 이 피라미드를 지었다고 해요. 헤로도토스는 미라를 만드는 과정도 기록해 놓았어요. 이집트인들은 사람은 죽어도 영혼은 남아 몸을 필요로 할 거라고 믿었지요. 그래서 시체를 썩지 않게 잘 보존하려고 미라를 만든 것이에요.
그런데 미라를 만들기 위해 가장 먼저 하는 일은 긴 꼬챙이를 코로 집어넣어 뇌를 빼내는 일이라고 해요!

▲ 미라와 함께 관에 넣던 사자의 서 (죽은 사람을 위한 안내서)

▼ 프랑스 루브르 박물관에 전시된 이집트 미라

2 탐험의 길을 연 정복자, 알렉산드로스 대왕

기원전 356~기원전 323년

알렉산드로스 대왕은 그리스 북쪽의 마케도니아 왕국에서 태어났어요. 그는 동서를 잇는 정복 활동을 통해 새로운 탐험의 길을 열었지요. 알렉산드로스 대왕이 동방 원정을 시작한 것은 아버지 필리포스 2세의 정복 사업을 잇기 위해서였어요. 그는 기원전 334년부터 324년까지 페르시아 제국을 멸망시키고, 인도의 인더스 강 유역까지 차지하면서 동서 문화를 융합시켰지요.

> 난 기원전 334년부터 기원전 324년까지 다른 여러 나라들을 정복해서 대제국을 건설했어요.

이때 세계는?
중국은 전국 시대(기원전 403~기원전 221년)였어요. 이 시대에는 전국 7웅으로 불리던 진, 초, 제, 연, 한, 위, 조나라가 서로 힘을 겨루었지요.

그리스 세계를 지배하며 동방 원정에 나서다

마케도니아 왕국의 필리포스 2세는 강력한 국왕이었어요. 그리스의 여러 도시 국가들이 그의 발아래에 무릎을 꿇었지요. 그러나 그는 그만 암살을 당하고 말았어요.

그 뒤 알렉산드로스 대왕이 국왕의 자리에 올랐는데, 당시 그의 나이는 고작 스무 살이었지요. 어려서부터 총명하였던 알렉산드로스 대왕은 그리스의 유명한 철학자 아리스토텔레스에게서 그리스의 철학과 문화를 배웠어요. 이 과정에서 그는 무엇이든 그리스의 것을 최고로 생각하는 그리스 지상주의자가 되었지요.

아버지만큼이나 강력한 지도자였던 알렉산드로스 대왕은 반란을 일으킨 테베를 진압하

아리스토텔레스에게 수업을 받고 있는 알렉산드로스 대왕(오른쪽)

는 과정에서 6천여 명을 살해하고, 살아남은 테베인들을 모두 노예로 팔아 버렸어요. 그 후 모든 그리스의 도시 국가들은 숨을 죽이고 마케도니아의 지배를 받게 되었지요.

알렉산드로스 대왕은 아버지 필리포스 2세가 페르시아 정복을 위해 그리스의 군사를 모아 조직한 헬라스 연맹의 맹주가 되었어요. 그리고 기원전 334년에 마케도니아군과 헬라스 연맹군을 거느리고 아버지가 못다 이룬 페르시아 원정을 달성하기 위해 소아시아(지금의 터키)로 건너갔어요.

페르시아 제국을 정복한 후, 동방 탐사의 길을 열다

기원전 333년, 알렉산드로스 대왕과 페르시아 제국의 다리우스 3세의 한판 승부가 벌어졌어요. 이 전쟁을 이수스 전투라고 해요. 황금빛 갑옷을 입은 용맹스러운 알렉산드로스 대왕은 불사조 군단(페르시아의 왕실 친위대)에 둘러싸인 다리우스 3세를 맹렬히 공격하여 궁지에 몰아넣었어요.

가우가멜라 전투에서 달아나는 다리우스 3세

결국 이 싸움은 알렉산드로스 대왕의 승리로 끝이 났고, 다리우스 3세는 도망을 치고 말았지요.

그 후 알렉산드로스 대왕은 페르시아의 식민지인 페니키아와 이집트를 점령하였어요. 이집트에서는 파라오의 항복을 받은 것에 만족하지 못하고, 1,000킬로미터가 넘는 사막을 넘어 아몬 신전에 참배를 하였어요. 그리고 자신을 태양의 아들로 선포하였지요.

기원전 331년, 알렉산드로스 대왕은 지금의 이라크 북부에 있는 가우가멜라에서 다리우스 3세와 또 한 번의 전투를 하게 되었어요. 그리고 이 전투에서도 알렉산드로스 대왕이 승리하였지요. 결국 이 전투에서 패한 페르시아 제국은 역사 속에서 사라졌어요.

알렉산드로스 대왕은 전쟁이 끝난 후 페르시아 제국의 수도 페르세폴리스에 입성하여 화려한 동방의 궁전을 탐험할 수 있었지요. 페르시아 제국이 사라진 다음에도 그의 정복과 탐험은 계속되었어요. 그 거침없는 행보는 마라칸다(사마르칸트의 옛 이름)를 거쳐 인도의 인더스 강 근처까지 이르렀지요. 그리고 그의 위대한 탐험 정신은 동서양을 관통하는 새로운 탐험의 길을 환하게 열어 놓았답니다.

동서 문화를 융합한 헬레니즘 문화가 탄생하다

터키의 성 소피아 성당에 있는 알렉산드로스 대왕의 모자이크

끝나지 않을 것 같던 알렉산드로스 대왕의 원정은 인더스 강 유역에서 더 나아가지 못했어요. 원정에 나선지 10년이 지나자 군사들이 향수병에 걸려 집으로 돌아갈 것을 강력히 주장하였기 때문이에요. 그는 할 수 없이

군사를 돌려야 했지요. 1년 후인 기원전 323년, 그가 그만 열병에 걸리게 되었어요. 결국 그는 서른세 살의 젊은 나이로 눈을 감고 말았지요.

알렉산드로스 대왕은 죽고 그의 제국은 분열되었지만 그의 업적은 동서양의 문화에 깊은 영향을 끼쳤어요. 그는 정복지마다 자신의 이름을 따서 알렉산드리아라는 도시를 세웠어요. 그리고 이곳에 그리스의 학자, 문인, 예술가들을 살게 하여 그리스 문화를 널리 전파시켰어요.

또 알렉산드로스 대왕은 스스로 페르시아 왕녀와 결혼하고, 마케도니아 군사들을 페르시아 여인들과 결혼시켰어요. 세계 시민주의(세상 모든 사람을 동포로 여기는 생각)를 강조하고 동방의 문물도 받아들였지요.

알렉산드로스 대왕의 개척 정신과 그리스 문화를 동방에까지 확산시키겠다는 굳은 신념이, 그리스 문화와 동방 문화가 융합된 헬레니즘 문화를 탄생시켰어요.

헬레니즘이 무슨 뜻이에요?

헬레니즘이란 말은 그리스인들이 스스로를 일컫던 '헬레네스'에서 비롯되었어요. 헬레니즘 문화는 세계 시민주의와 개인주의를 강조했지요. 개인주의란 국가나 단체보다 그 안의 한 사람 한 사람을 더 중요하게 여기는 사상이에요.

헬레니즘 시대의 철학에서는 몸과 마음의 즐거움을 참아야 한다는 스토아 학파와 마음의 즐거움을 쫓아야 한다는 에피쿠로스 학파가 나타났어요.

또 이 시대에는 유클리드가 《기하학 원론》을 쓰고, 에라토스테네스가 지구 둘레를 계산하는 등 자연 과학도 발전했지요. 예술 작품은 사람의 몸을 있는 그대로, 마치 살아 움직이는 듯하게 나타냈어요. 헬레니즘 시대는 로마가 이집트를 정복한 기원전 31년까지 계속됐답니다.

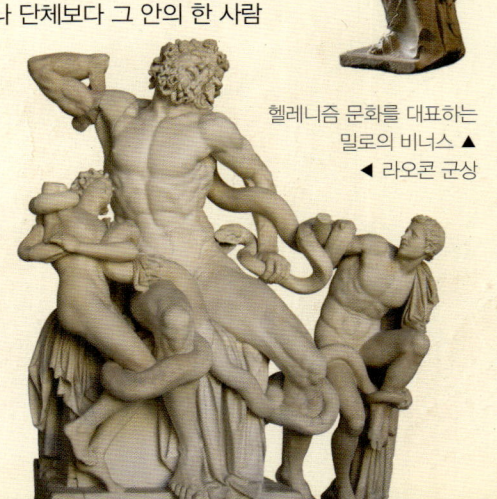

헬레니즘 문화를 대표하는
밀로의 비너스 ▲
◀ 라오콘 군상

3 알프스 산맥을 넘어 로마로 진격한 한니발

기원전 247~기원전 183년

한니발은 카르타고의 장군이에요. 그는 카르타고가 제1차 포에니 전쟁에서 로마에게 패배한 아픔을 갚기 위해 기원전 218년에 코끼리 부대를 이끌고 험준한 알프스 산맥을 넘어 로마로 진격했어요.

카르타고와 로마, 지중해 해상권을 놓고 격돌하다

카르타고는 페니키아인들이 기원전 814년 경 북부 아프리카에 세운 식민 도시였어요. 뛰어난 해상 능력으로 지중해 해상권을 장악하였던 페니키아인들은 카르타고를 서부 지중해의 최대 상업 국가로 성장시켰지요.

한편 로마는 기원전 3세기부터 이탈리아 반도를 장악하고 지중해로 진출을 노리는 강대국으로 성장하였어요. 그렇기 때문에 지중해 해상권을 두고 벌어지는 카르타고와 로마의 격돌은 피할 수 없었지요.

제1차 포에니 전쟁은 기원전 264년부터 기원전 241년까지 계속되었어요. 이 전쟁은 시칠리아 섬을 둘러싸고 일어났지요. 당시 카르타고는 천하무적의 강한 전함을 자랑하고 있었어요. 육지 전투에 능했던 로마인들은 폭풍에 휩쓸려 좌초되어 있는 카르타고의 전함을 발견하고는, 이를 본떠 자신들의 군함을 만들었어요. 로마는 이 군함을 바탕으로 해군력을 강화하고 카르타고에 대한 대대적인 공격에 나섰지요. 그리고 마침내 카르타고군의 항복을 받아내며 제1차 포에니 전쟁의 승리를 거머쥐었어요.

> 나는 기원전 218년에 알프스 산맥을 넘어 로마로 쳐들어갔어요.

이때 세계는?
진나라가 기원전 221년에 최초로 중국을 통일했어요. 진나라는 잦은 토목공사에 지친 백성들이 반란을 일으켜 기원전 206년에 멸망했어요.

북아프리카 튀니지에 있는 로마 전함의 모자이크

한니발, 제2차 포에니 전쟁을 이끌다

카르타고는 제1차 포에니 전쟁으로 시칠리아를 잃고 서부 지중해 해상권도 빼앗겼어요. 하지만 제1차 포에니 전쟁을 이끌었던 하밀카르 바르카스 장군을 중심으로 재건에 나서, 이베리아 반도 남쪽에 새로운 식민지를 건설하였지요. 한니발은 하밀카르 바르카스 장군의 아들로 태어났어요. 그리고 아버지의 영향을 받아 아홉 살이 되던 해에 신전에서 로마에 대한 보복을 맹세했다고 해요.

기원전 218년, 제2차 포에니 전쟁이 시작되었어요. 이 전쟁은 기원전 201년까지 계속되었지요. 전쟁이 시작되자 한니발은 보병 9만 명, 기병 1만 2천 명, 코끼리 37마리의 대군을 거느리고 원정에 나섰어요.

한니발의 군사 지휘 능력이
빛난 칸나이 전투

누구도 생각하지 못한 길을 통해 이탈리아로 가기 위해서였지요. 그 길은 바로 알프스 산맥을 넘는 것이었어요.

그러나 만년설(높은 산에 녹지 않고 늘 쌓여 있는 눈)이 덮인 알프스를 넘는 일은 너무도 힘들었어요. 한니발은 한쪽 눈에 부상을 입어 그 눈이 거의 보이지 않게 되기도 했지요. 그래도 그는 포기하지 않고 군사들을 격려하고 또 격려하며 진군하였어요. 15일 동안의 힘든 여정 끝에 알프스를 넘었을 때 그의 군대는 보병 2만 명, 기병 6천 명 정도 밖에 남아 있지 않았지요.

한니발의 예상대로 로마군은 카르타고군이 알프스를 넘어 오리라고는 상상조차 하지 못하고 있었어요. 한니발이 이끄는 카르타고의 군사들은 로마군을 기습 공격하였고, 로마의 북쪽을 흐르는 트레비아 강은 피바다가 되었지요.

또한 한니발은 기원전 216년에 일어난 칸나이 전투에서도 7만 명에 달하는 로마군의 목숨을 빼앗았어요.

자마 전투, 제2차 포에니 전쟁을 끝맺다

많은 전투에서 승승장구하던 한니발에게 불운의 그림자가 드리워지기 시작했어요. 한니발이 이탈리아 반도에서 전쟁을 이어가던 사이, 스키피오 장군이 이끄는 로마군이 카르타고를 공격한 것이에요. 그는 조국을 돕기 위해 로마를 눈앞에 두고 군사를 돌렸어요.

그리고 기원전 202년, 한니발과 스키피오의 운명을 가른 자마 전투가 벌어지게 되었어요. 스키피오는 결전에 앞서 로마 기병들을 정렬시키고

18년에 걸친 제2차 포에니 전쟁을
끝맺은 자마 전투

일제히 함성과 소음을 내도록 하였어요. 그 소리에 놀란 카르타고군의 코끼리들이 요동을 쳤고, 그 위에 타고 있던 카르타고 군사들은 당황하기 시작했어요. 그때 로마군들은 날렵한 말을 타고 카르타고군의 코끼리들을 헤치고 다니면서 한니발의 군사들을 공격하였지요.

치열한 자마 전투의 승리는 치밀한 작전을 세운 스키피오의 것이었어요. 그리고 제2차 포에니 전쟁은 그렇게 끝이 났지요. 이후 한니발은 시리아로 몸을 피했다가 비티니아로 갔어요. 하지만 로마에 잡혀갈 위기에 처하자 독약을 먹고 스스로 목숨을 끊고 말았지요.

비록 제2차 포에니 전쟁을 승리로 이끌지는 못했지만 한니발은 대군을 이끌고 알프스를 최초로 넘은 영웅으로 역사 속에 빛나고 있어요.

결국 로마에게 정복당한 카르타고

전쟁에서 진 카르타고는 로마에 어마어마한 배상금을 물어야 했어요. 또 로마의 허락 없이는 전쟁을 일으키지 않겠다는 약속까지 했지요. 하지만 카르타고는 기원전 149년에 로마와 제3차 포에니 전쟁을 벌였어요. 그리고 3년 만에 스키피오의 양자인 스키피오 아이밀리아누스에게 크게 패해서 끝내 로마의 속주(이탈리아 반도 외의 로마의 영토)가 되었지요.
참, '포에니'는 로마인들이 페니키아인들을 부르던 말이랍니다.

튀니지 케르쿠안의 카르타고 유적

튀니지 카르타고의 로마 속주 시대 유적

4 흉노를 정벌하려다 비단길을 개척한 장건

기원전 ?~기원전 114년

비단길에 대해 들어 보았나요? 비단길은 중국 내륙 지방에서 시작해 중앙아시아를 지나 인도와 이란까지 이어지는 길이에요. 고대에 중국은 이 길을 통해 서쪽 여러 나라와 교역을 했어요. 비단길은 교역품 중에 가장 인기 있던 물건이 비단이었기 때문에 붙은 이름이지요. 비단길은 중국 한나라의 외교관 장건의 노력으로 열리게 되었어요.

흉노와 함께 싸울 동맹국을 찾아 대월지에 가다

나는 기원전 139년부터 기원전 126년까지 서역 지방을 다녔어요.

이때 세계는?
한나라는 항우를 물리친 유방이 기원전 202년에 세웠어요. 기원전 141년에 한나라의 황제가 된 무제는 베트남, 고조선 등을 공격하며 영토를 넓혔어요.

당시 한나라에게는 큰 골칫거리가 하나 있었어요. 북쪽에 살던 유목 민족인 흉노가 수시로 물건을 훔치거나 사람들을 끌고 갔던 거예요. 흉노는 말을 잘 타서 쉽게 국경을 넘어다니곤 했어요. 한나라를 다스리던 황제 무제는 고민을 하다가 마침내 좋은 방법을 생각해 냈지요. 바로 대월지와 손을 잡고 흉노를 공격하는 것이었어요.

대월지는 원래 흉노가 사는 곳에 있던 나라였어요. 그런데 흉노에게 땅을 빼앗기고 멀리 파미르 고원의 서쪽으로 쫓겨가 살고 있었지요. 무제는 대월지가 흉노에게 복수하고 싶을 거라고 여기고, 함께 흉노를 치자고 꼬드기기로 했어요. 그래서 기원전 139년, 장건을 대월지에 사신으로 보냈지요.

말에 탄 한 무제에게 무릎을 꿇고 작별 인사를 올리는 장건 : 둔황 석굴의 〈서역출사도〉

임무 수행에 실패하고 얻은 뜻밖의 수확

대월지로 가던 장건은 흉노에게 붙잡혔지만 늘 무제의 명령을 잊지 않았어요. 그래서 감시가 소홀한 틈을 타 탈출하여 온갖 고생 끝에 대월지에 도착했지요. 하지만 흉노를 함께 공격할 동맹군을 얻을 수는 없었어요. 그는 크게 실망했지만 대월지에서 일 년 정도 머물렀지요. 그동안 그는 굉장한 정보를 얻게 되었어요. 그때까지 잘 모르던 서역에 대해 알게 된 거예요. 서역은 중국의 서쪽에 있는 여러 나라들을 통틀어 이르는 말이에요.

기원전 126년, 장건은 무려 13년 만에 한나라로 돌아왔어요. 그는 무제에게 서역 나라들에 대해 알려 주며, 그들과 교역을 하면 나라가 훨씬 더 부강해질 거라고 했지요. 무제는 서역의 대완에 훌륭한 말이 많다는 이야기를 듣고 귀가 번쩍 뜨였어요. 빠른 말을 타고 침략하는 흉노 때문에 늘 머리가 아팠는데, 대완의 말이 하루에 천리를 달린다고 하니 몹시 기뻤지요. 그래서 그는 장건을 다시 서역으로 보냈어요.

대완의 말을 표현한 동마상

위험을 무릅쓴 노력의 결실, 비단길

장건은 이번에는 대월지의 이웃 나라인 오손에 가서 함께 흉노를 치자고 했어요. 오손 역시 이 제안에 관심이 없었어요. 하지만 한나라와 사이좋게 지내고 싶어서 동맹을 맺었지요. 장건은 오손 왕에게 무역에 대한 이야기도 꺼냈어요. 그리고 서역의 다른 나라들이 한나라와 무역할 뜻이 있는지 없는지를 알아보고 싶다고 했지요. 이에 오손 왕은 장건이 오손에 머물 수 있게 해 주었어요. 장건은 교역을 트고 싶다는 말을 전하기 위해 서역의 여러 나라에 부하들을 사신으로 보냈답니다.

그 뒤 장건은 오손에서 한나라로 돌아왔어요. 그리고 얼마 안 되어 숨을 거두었지요. 그가 세상을 떠난 뒤에, 서역에 사신으로 갔던 부하들이 곳곳에서 기쁜 소식을 가지고 돌아왔어요. 서역 여러 나라들이 한나라와 무역을 하고 싶다고 한 거예요.

이렇게 해서 비단길이 열리게 되었어요. 한나라는 서역 나라들과 이런저런 물건들을 사고 팔기 시작했지요. 나중에는 지중해의 로마와도 교류했어요. 그런 과정에서 새로운 문화도 받아들이게 되었지요. 불교와 간다라 미술도 다름 아닌 비단길을 통해 전해졌어요. 간다라 미술은 그리스·로마의 문화와 인도의 불교 문화가 섞여서 나타난 미술 양식이에요. 이렇게 장건의 노력으로 열린 비단길은 그 뒤로 천여 년 넘게 동서양을 잇는 교통로이자 문화의 전달 통로로서 큰 역할을 하게 된답니다.

간다라 미술을 보여 주는 불상

한나라의 비단

5 서역을 누빈 고구려인 당나라 장수, 고선지

?~755년

고선지는 고구려의 후예로 당나라에서 태어났어요. 고구려가 멸망한 후 많은 고구려인들이 당나라에서 활동하고 있었지요. 고선지의 아버지인 고사계도 당나라의 장군으로 활약했어요. 고선지도 아버지의 영향으로 군인이 되었지요. 그리고 빛나는 탐험 정신으로 중앙아시아의 파미르 고원을 넘어 서역의 수많은 나라들을 정벌한 명장으로 이름을 떨쳤어요.

파미르 고원을 넘어 서역 원정에 나서다

> 나는 747년부터 751년까지 서역 지방에서 활약했어요.

이때 세계는?
한반도는 통일 신라 시대였어요. 신라는 당나라와 연합해 백제, 고구려를 멸망시켰어요. 그 뒤 당나라를 몰아내고 676년에 삼국 통일을 이루었어요.

고선지는 스무 살 때 장군이 되었어요. 그러던 중 741년 톈산 산맥 아래에 위치한 달해부에서 반란이 일어났지요. 고선지는 2천여 명의 군사를 이끌고 반란을 성공적으로 진압하였어요. 그 공으로 그는 비단길과 서역 지역을 관리하던 안서도호부에서 두 번째로 지위가 높은 장군이 되었지요.

그즈음 토번(지금의 티베트)이 세력을 확장하여 당나라를 위협하기 시작하였어요. 토번은 북부 파키스탄의 소발률국의 왕에게 공주를 시집보내어 동맹까지 맺었지요.

당나라의 황제 현종은 소발률국을 치기로 했어요. 그리고 그 일을 맡을 적임자로 고선지

자리에 앉아서 토번의 사신을 맞는 당나라의 황제

30

를 발탁했지요. 고선지는 지금의 군사령관이라 할 수 있는 절도사가 되어 군사를 이끌고 소발률국 정복에 나섰어요.

고선지는 소발률국을 치기 위해서 험난하기로 이름난 파미르 고원을 넘기로 했어요. 파미르 고원은 높이 5,000미터가 넘는 산맥들로 이루어져 있어 '세계의 지붕'이라고 불려요. 가파른 절벽과 험한 외길이 많아 이 산맥들을 넘는 것은 정말 위험하였지요. 그런데도 고선지는 망설임 없이 무거운 갑옷과 무기를 든 1만여 명의 보병과 기병을 지휘하며, 파미르 고원을 넘는 원정길에 올랐어요.

서역 일흔두개 나라에 승리를 거두다

고선지의 지휘와 격려로 당나라 군사는 파미르 고원을 무사히 넘었어요. 이어 고선지 군단은 해발(바닷물 표면부터 잰 육지나 산의 높이) 7,000미터가 넘는 힌두쿠시 산맥의 동쪽에 이르렀지요.

포도주 자루를 든 서역인
: 당나라의 대표적 도자기 당삼채

당시 토번은 연운보(와칸 계곡)에 대군을 집결시키고 있었어요. 고선지가 연운보로 가려면 아주 센 물살이 흐르는 강을 건너야 했지요. 토번 군대는 당나라군이 강을 건너오지 못할 거라고 생각하여 긴장을 늦추고 있었어요. 그러나 고선지는 한밤중에 군대를 전진시켜 급물살이 흐르는 강을 건너고 기습작전을 펴 크게 승리하였지요. 또한 그 기세를 몰아 소발률국도 쉽게 정복해 버렸어요.

고선지는 가는 곳마다 승리하였어요. 그는 이 원정에서 소발률국은 물론 서역 일흔두 개 나라에서 항복을 받아 내었지요. 고선지의 승전 소식에 당나라의 현종은 크게 기뻐하며 그를 대장군으로 임명하였어요.

탈라스 전투에서 패한 후 억울한 죽임을 당하다

750년, 파미르 고원 서북쪽에 있는 석국(지금의 타슈켄트 지역)이 대식국(이슬람 제국의 아바스 왕조)과 동맹을 맺으려 하자, 고선지는 제2차 서역 원정에 나섰어요. 그는 대군을 이끌고 한반도보다 더 넓은 사마르칸트 사막을 넘어 석국을 정벌하였어요. 석국의 왕자는 도망쳐 대식국의 총독에게 도움을 요청하였지요. 대식국도 중앙아시아로 뻗어 나갈 기회를 마다하지 않았어요.

옛 이슬람 역사책에 실려 있는 아바스 왕조

그리하여 751년, 결국 대식국의 군대와 고선지가 이끄는 당나라군은 비단길이 지나는 탈라스 강 근처에서 치열한 전투를 하게 되었어요. 닷새 간 계속된 이 전투에서 고선지는 대패하였지요.

탈라스 전투는 세계 문명사에 중요한 사건이에요. 싸움에

탈라스 강 근처의 도시 탈라스의 모습

서 패한 후 많은 당나라의 사람들이 포로가 되었는데, 그중에는 종이를 만드는 기술자도 있었지요. 이들을 통해 제지술이 이슬람을 거쳐 서양에 전해지게 되었어요. 또 이때부터 중앙아시아가 당나라가 아닌 이슬람 세력의 영향권 아래 놓이게 되면서 아라비아 상인들의 교역 활동이 더욱 활발해지게 되었어요.

탈라스 전투가 끝나고 4년 뒤, 당나라는 절도사 안녹산이 일으킨 반란으로 큰 혼란에 빠졌어요. 현종은 서역 원정에서 명성을 얻은 고선지를 진압군의 부사령관으로 임명하였지요.

그런데 고선지는 평상시 그를 시기하던 한 부하의 모함을 받게 되었어요. 그 부하는 고선지가 상관의 명령 없이 군사를 움직이고 후퇴시켰다고 했지요. 반란으로 나라가 혼란스러운 와중에 현종은 상황을 제대로 알아보지도 않고, 고선지의 목을 베었어요.

고선지가 죽은 후 《구당서》, 《신당서》, 《자치통감》 등 중국의 역사를 기록한 책들은 모두 그의 탐험 정신과 전략을 높이 평가하고 있답니다.

당나라 시대의 무덤 속에서 나온 진흙 호위병

종이가 한나라 시대의 발명품이라고요?

종이는 한나라 때 채륜이라는 사람이 민간에서 전하던 기술을 체계화시켜 만들었어요. 재료는 나무껍질과 헝겊 등을 삶은 것이었지요. 그전까지는 불편한 죽간(대나무 조각이나 그것을 엮어 만든 책)이나 값비싼 비단에 글을 썼어요. 하지만 종이가 발명된 덕분에 문자를 기록하고 지식을 나누는 일이 훨씬 더 쉬워졌답니다.

종이가 발명되기 전에 사용되던 죽간

종이를 만드는 장면

6 최초로 그린란드와 북아메리카에 간 바이킹

바이킹 시대: 8세기 말~11세기 초

아메리카 대륙에 첫발을 디딘 유럽인은 누구일까요? 콜럼버스라고 생각하겠지만 실은 바이킹이에요. 바이킹은 원래 스칸디나비아 반도에 살던 사람들로 노르만족이라고도 해요. 스칸디나비아 반도는 춥고 농사지을 땅이 별로 없었어요. 바이킹은 점차 인구가 늘어나 식량이 부족해지자, 800년쯤부터 새로운 땅을 찾아 나섰지요.

> 우리 982년에 그린란드에 첫발을 디뎠고, 1002년에는 북아메리카를 발견했어요.

이때 세계는?
중국은 송나라 시대였어요. 송나라는 960년에 세워져 1279년에 원나라에 멸망했어요.

얼음으로 뒤덮인 '녹색의 땅' 그린란드

고향을 떠난 바이킹 가운데 일부는 아이슬란드에서 살기 시작했어요. 이들 중에는 머리털이 붉어 '빨간 에리크'라고 불리던 에리크 토르발손도 있었지요. 어느 날, 빨간 에리크는 사람을 죽이는 죄를 지어 3년 동안 아이슬란드에서 쫓겨나게 되었어요. 이에 982년, 그는 가족을 데리고 서쪽으로 항해에 나섰어요. 그리고 새로운 땅에 닿아 그곳을 그린란드라고 이름 지었지요.

3년 후에 빨간 에리크는 아이슬란드에 돌아갔어요. 그린란드에서 함께 살자고 사람들을 설득하기 위해서였지요. 사람들은 그린란드(Greenland)라고 하니까 나무와 풀이 있을 거라고 기대했어요. 그래서 986년, 스물다섯 척의 배를 가득 메운 사람들은 빨간 에리크와 함께 그린란드로 출발했지요. 그런데 도중에 거센 풍랑을 만나 배는 열네 척만이 목적지에 도착했어요. 살아남은 사람들은 350명 정도였답니다.

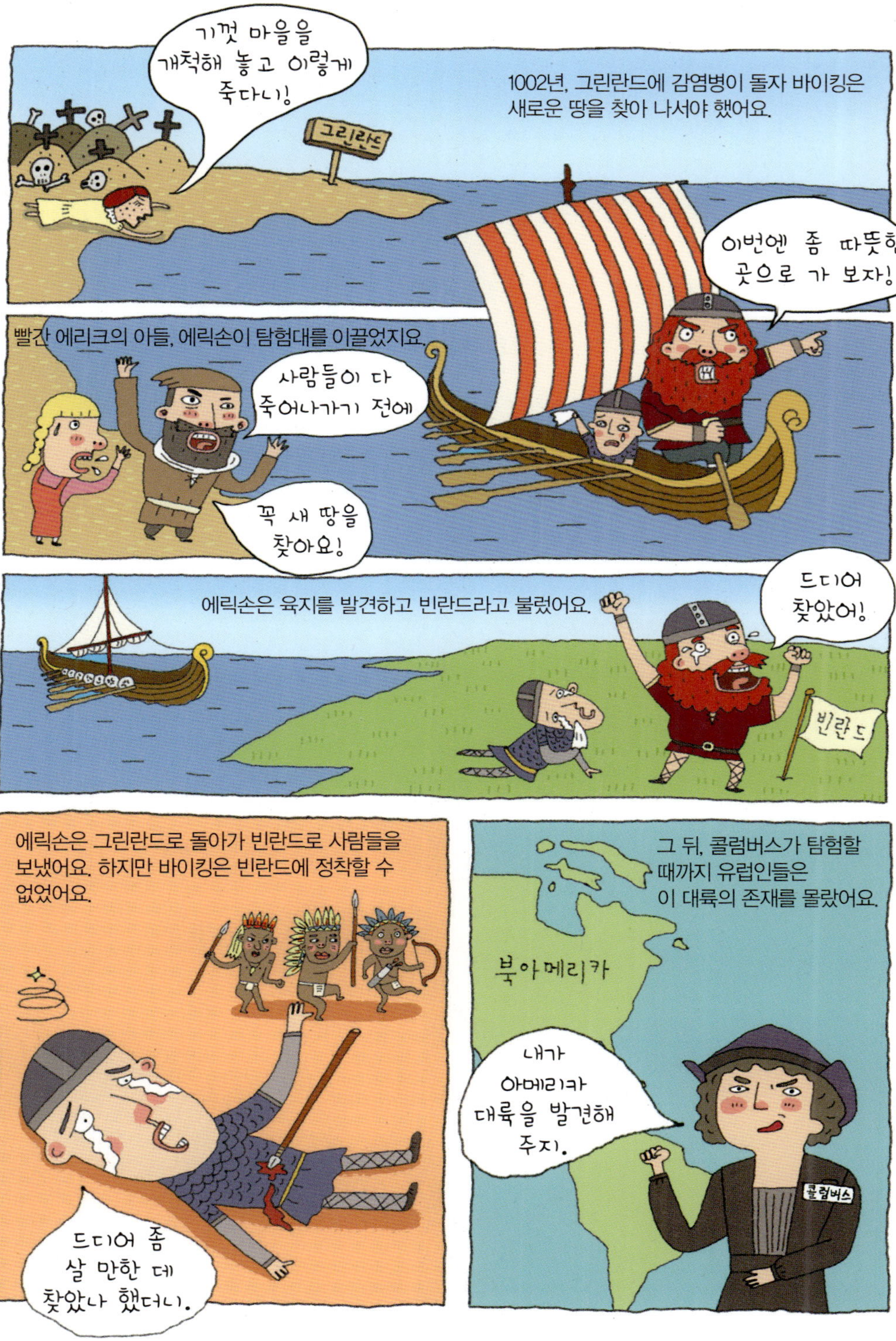

야생 포도가 우거진 낙원, 빈란드

그린란드로 온 사람들은 얼음으로 뒤덮인 땅을 보고 실망했지만 열심히 일했어요. 그러던 중 감염병이 퍼졌지요. 1002년 그린란드 바이킹의 지도자 에릭손은 새 땅을 찾아 서쪽으로 항해했어요. 그리고 마침내 진짜 녹색의 땅을 찾아 빈란드라고 이름 붙였어요. 빈란드(Vinland)란 야생 포도가 많은 땅이라는 뜻이에요. 오늘날 캐나다의 뉴펀들랜드 섬이지요.

1년쯤 지나, 에릭손은 그린란드의 소식이 궁금해졌어요. 그래서 동생 토르발에게 빈란드를 맡기고 그린란드로 돌아갔지요. 그런데 그 뒤 북아메리카 원주민들이 빈란드의 바이킹들을 공격했어요. 토르발도 이때 목숨을 잃었다고 해요. 이런 일을 전혀 알지 못했던 에릭손은 그린란드에서 빈란드로 사람들을 더 보냈어요. 하지만 빈란드에 도착한 이들도 원주민과 싸우다가 죽거나 그린란드로 돌아가고 말았지요.

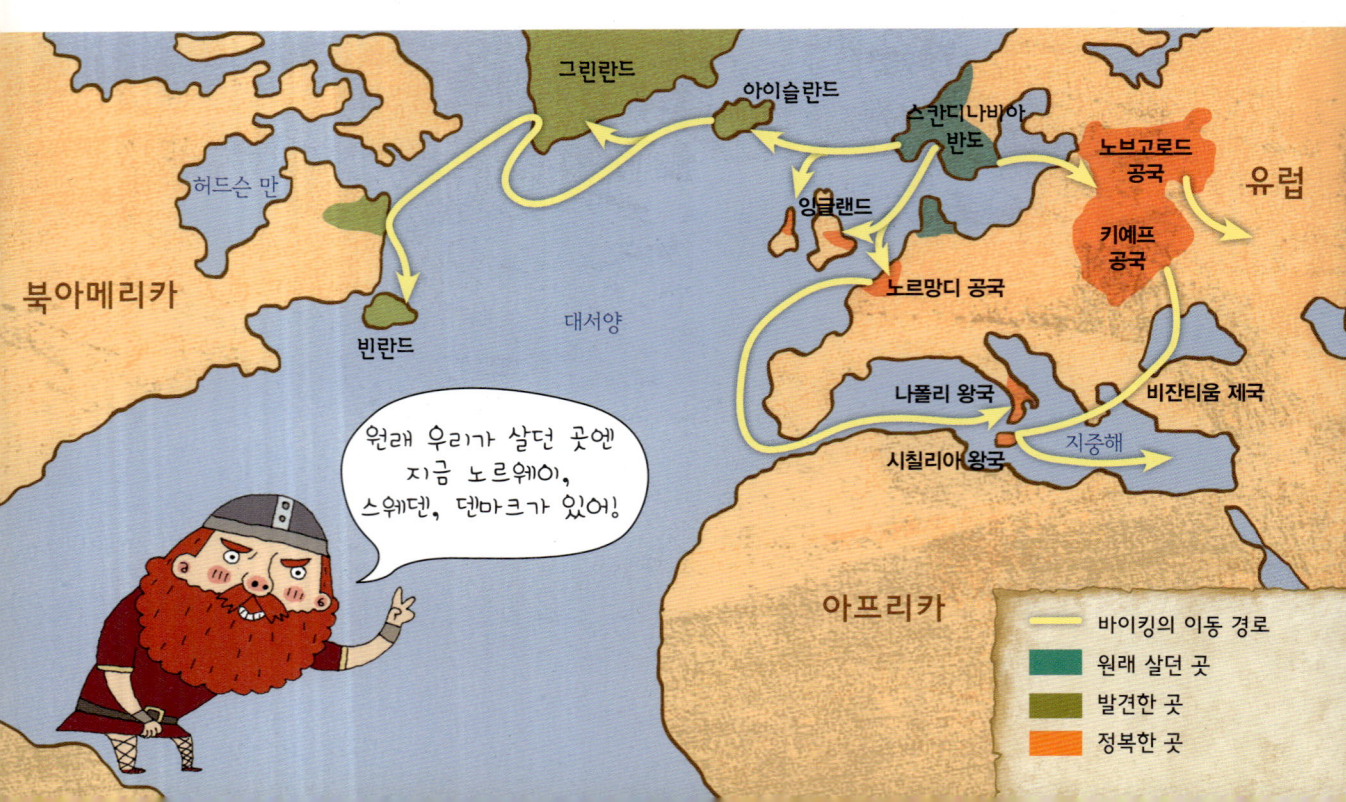

해적 또는 문명 교류의 촉진자로 역사에 남다

그 후 그린란드에 살던 바이킹이 어떻게 되었는지는 자세히 알려져 있지 않아요. 1400년대까지는 노르웨이와 교류한 기록이 있지만 그 뒤로는 알 수가 없답니다. 또 빈란드 역시 오랫동안 알려지지 않아 유럽인들의 탐험 활동에 거의 영향을 끼치지 않았어요. 1960년대에 들어서야 스웨덴의 한 고고학자가 뉴펀들랜드에서 바이킹이 살았던 흔적을 발견해, 에릭 손의 이야기가 사실로 밝혀졌지요.

바이킹은 항해술이 뛰어나고 모험심이 강했어요. 그래서 유럽 곳곳을 항해하고 다니며 약탈과 정복 활동을 벌였지요. 그들의 배는 유선형(앞은 동그랗고 뒤는 가늘고 뾰족한 형태)으로 생겨서 높은 파도에도 빠르게 항해할 수 있었어요. 유럽인들은 이 날렵한 배를 '긴 배'라고 부르며 두려워했지요.

옛날에는 바이킹은 곧 해적이라는 생각이 강했어요. 하지만 이들의 활동으로 탐험이나 무역이 더 활발해지기도 했지요. 또 여러 민족들이 이동하고 새로운 식민지가 건설되기도 했어요. 오늘날에는 바이킹이 유럽 여러 나라의 문명 교류에 도움을 주었다고 평가하기도 한답니다.

노르웨이의 박물관에 전시된 바이킹의 투구와 배

우리도 좋아서 해적이 된 게 아니야. 살 곳을 찾아다닌 것뿐이라고.

7 유럽에 아시아를 알린 마르코 폴로

1254~1324년

1200년대까지 인도나 중국에 가 본 유럽 사람은 거의 없었어요. 처음으로 유럽에 동양을 소개한 사람이 바로 이탈리아의 상인이자 여행가인 마르코 폴로예요. 그가 여섯 살 때 아버지와 삼촌은 멀리 동양으로 여행을 떠났어요. 그리고 9년 뒤, 그들은 몽골 제국의 황제 쿠빌라이 칸이 로마 교황에게 보내는 편지를 가지고 돌아왔어요. 지식이 높은 여러 분야의 학자 100명을 보내 달라는 편지였지요.

몽골 제국을 향해 떠나 원나라에 도착하다

마르코 폴로는 자기도 몽골 제국에 가서 새로운 것을 보고 싶었어요. 그래서 1271년에 아버지와 삼촌을 따라나섰지요. 쿠빌라이 칸에게 교황의 답장을 전하러 가는 여행이었어요. 폴로 가족은 바닷길보다 안전하다고 여겨지는 육로를 통해 가기로 했지요.

그러나 육로도 그리 편안한 길은 아니었어요. 폴로 가족은 도적떼나 야생 짐승들, 폭풍우에 시달렸지요. 또 마르코 폴로가 감염병에 걸려서 파미르 고원을 앞에 두고 1년을 쉬기도 했어요. 그가 병에서 회복한 뒤 일행은 비단길에 접어들어 여행을 계속했지요. 그리고 1275년, 마침내 쿠빌라이 칸을 알현했어요. 그 사이 쿠빌라이 칸은 나라 이름을 '원'으로 바꾸고, 4한국의 종주국(다른 나라의 정치나 외교를 지배하는 나라)임을 선포했어요.

> 난 1271년부터 1295년까지 여행을 했어요. 길 위에서 7년, 원나라에서 17년을 보냈지요.

이때 세계는?
몽골 제국은 1206년에 칭기즈 칸이 세웠어요. 칭기즈 칸이 죽은 뒤 몽골 제국은 원나라와 4한국(킵차크한국, 오고타이한국, 일한국, 차카타이한국)으로 나뉘었어요.

쿠빌라이 칸에게 교황의 선물을 전하는 폴로 일행 : 14세기판 《동방견문록》의 삽화

원나라에서 청춘을 보내고 찾은 고향

마르코 폴로는 원나라에 머물며 쿠빌라이 칸에게 자기가 보고 들은 것을 이야기해 주었어요. 황제는 서양 문화에 대한 이야기를 아주 좋아했지요. 마르코 폴로는 황제의 명을 받고 윈난성과 항저우 같은 여러 도시를 여행했어요. 그리고 그 지역들의 특색에 대해 보고하기도 했지요. 또 원나라 특사로서 파간 왕국(미얀마)에도 가 보았어요.

1292년에 원나라 공주가 지금의 이란 지역에 있던 일한국으로 시집가게 되었어요. 폴로 가족은 가는 길을 안내한 뒤 고향인 베네치아로 돌아가기로 하고, 쿠빌라이 칸에게 허락을 받았지요. 이제 집이 그리웠던 거예요. 공주의 호송단은 온갖 역경 끝에 호르무즈에 도착했어요. 그 뒤 폴로 가족은 콘스탄티노폴리스를 거쳐 마침내 베네치아에 닿았지요. 1295년, 왕복으로 무려 24,000킬로미터에 이르고 24년이나 걸린 여행이 끝난 거예요.

유럽에 동양을 소개한 《동방견문록》이 탄생하다

마르코 폴로가 돌아왔을 때 베네치아는 제노바와 전쟁 중이었어요. 이들은 지중해에서 가장 활발하게 무역 활동을 하며 서로 경쟁하던 사이였지요. 폴로는 전쟁에 나갔다가 제노바군에게 사로잡히고 말았어요.

마르코 폴로는 포로로 지내면서 작가인 루스티첼로를 알게 되었는데, 이 일은 그에게 정말 행운이었지요. 그 덕분에 책을 쓸 수 있었으니까요. 마르코 폴로는 원나라에서 오래 살아서 이탈리아어로 글을 잘 쓸 수 없었어요. 그래서 루스티첼로가 폴로의 이야기를 글로 옮겼지요. 이렇게 해서 《동방견문록》이 세상에 나오게 되었답니다.

유럽 탐험가들을 꿈에 부풀게 한 《동방견문록》

마르코 폴로는 원나라 황제의 보호 아래서 이곳저곳을 안전하게 여행할 수 있었어요. 그동안 보고 들은 이야기는 《동방견문록》에 고스란히 담겨 있지요.
마르코 폴로는 원나라가 화려한 문명을 자랑하는 나라라고 했어요. 또 자와 섬(인도네시아)에는 값비싼 향신료가 많이 나고, 지팡구(일본)에는 황금이 많다고 썼지요.
그때까지 동양에 대해 잘 알지 못했던 유럽인들은 이제 동양에 큰 관심을 갖게 됐어요. 콜럼버스를 비롯한 많은 탐험가들이 탐험에 대한 꿈을 키우게 된 것도 다 《동방견문록》 덕분이랍니다.

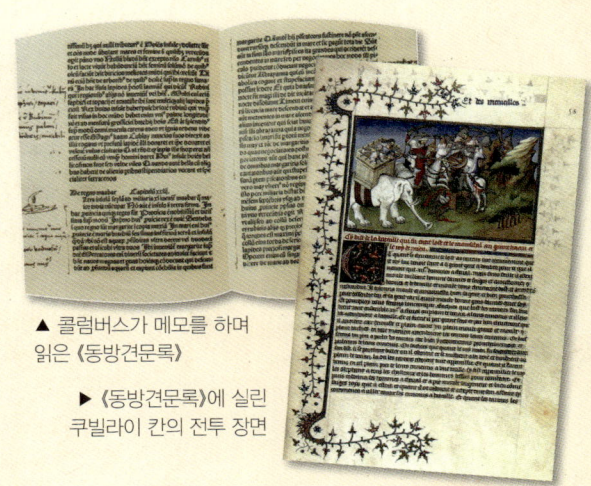

▲ 콜럼버스가 메모를 하며 읽은 《동방견문록》

▶ 《동방견문록》에 실린 쿠빌라이 칸의 전투 장면

8 아라비아 최고의 여행가, 이븐 바투타

1304~1368년

이븐 바투타는 1304년, 북아프리카 모로코의 탕헤르에서 태어났어요. 법관 집안에서 자란 그는 자신도 법관이 되려고 법률과 문학을 공부했지요. 하지만 스물한 살이 되던 해, 사우디아라비아의 이슬람 성지 메카를 순례하기 위해 여행을 하면서 그의 삶이 완전히 달라졌어요. 메카는 이슬람 교도들이 신성하게 여기는 곳으로, 일생에 한 번은 메카를 순례하는 것이 이슬람 교도의 의무였어요.

> 나는 1325년부터 1354년까지 탐험을 했어요.

이때 세계는?
영국과 프랑스가 백년 전쟁(1337~1453년)을 벌이고 있었어요. 이 전쟁은 왕위 계승 문제 때문에 일어났고 프랑스가 승리했지요.

법관에서 여행가로 운명이 바뀌다

이븐 바투타는 메카로 가면서 새로운 것을 보고 배울 수 있는 여행의 매력에 푹 빠졌어요. 그는 고향에 머물며 법관 생활을 하는 것보다 이곳저곳을 여행하는 것이 더 좋겠다고 생각했지요. 자신의 진정한 꿈을 알게 된 그는 여행가가 되기로 결심했어요.

1326년, 이븐 바투타는 메카 순례를 끝내고 아라비아 사막을 거쳐 당시 몽골의 지배를 받고 있던 이라크와 이란까지 돌아보았어요. 몇 년 후에는 육로로 예멘을 지난 뒤, 배를 타고 아프리카 동쪽 해안의 여러 도시를 방문했지요. 그 뒤 오만, 호르무즈를 거쳐 페르시아 만을 건너 다시 메카로 돌아왔어요.

이븐 바투타가 방문했던 이란의 도시 타브리즈

인도의 법관에서 중국 사절단 대표까지

이븐 바투타는 인도를 다스리는 술탄이 이슬람 학자를 잘 대해 준다는 이야기를 듣고 인도로 가기로 결심해요. 그는 뛰어난 법학자이기도 했으니까요. 당시에는 육로가 제대로 발달되지 않았던 탓에 먼 길을 돌아갔지요. 여행 중 아스트라한에 갔을 때 그는 그곳을 다스리던 칸의 왕비가 친정에 가는 길에 따라나섰어요. 그리고 콘스탄티노폴리스로 가서 왕비의 아버지인 비잔티움 제국의 황제(안드로니쿠스 3세)를 만나기도 했지요. 이로써 그는 처음으로 크리스트교를 믿는 국가에도 가 보게 된 거예요.

1332년, 마침내 이븐 바투타는 인도에 닿았어요. 인도의 술탄은 이름난 학자였던 그를 반겼고, 후에 델리의 법관으로 임명했어요. 그리고 1342년에 술탄은 그에게 사신들을 이끌고 중국 원나라에 다녀오라고 했지요. 하지만 그는 여행길에서 폭도들의 습격을 받아 간신히 목숨만 건지고 실론과 벵골 지방에 머물렀어요. 그 뒤, 그는 다시 길을 떠나 중국의 대도(베이징)까지 다녀왔답니다.

비잔티움 제국의 안드로니쿠스 3세

30년간의 여행을 마치고 고향으로

1348년, 이븐 바투타는 중국에서 돌아오다가 들른 시리아 다마스쿠스에서 흑사병으로 많은 사람들이 목숨을 잃는 것을 보았어요. 흑사병은 페스트라고도 하는데, 쥐벼룩이 옮기는 무서운 감염병이에요. 14세기 유럽 인구의 3분의 1이 이 병으로 죽었지요. 마음이 아팠던 그는 한 번 더 메카에 가서 기도를 하고 고향으로 돌아갔어요.

흑사병 환자들의 모습

이때가 쉰 살에 가까운 나이였지요.

하지만 1352년에 이븐 바투타는 다시 여행을 나섰어요. 그는 낙타를 타고 사하라 사막 약 1,600킬로미터를 횡단했지요. 또 말리 제국의 소금 광산 도시, 오아시스 도시 등을 둘러보고 황제와도 만난 뒤에 집으로 돌아왔어요. 이것이 그의 마지막 여행이었고, 그 이후의 삶에 대해서는 별로 알려진 게 없다고 해요. 그는 1368년 고향에서 눈을 감았답니다.

말리 제국의 오아시스 도시 오왈래타

여행을 통해 얻은 지식이 책으로 엮이다

모로코의 술탄은 이븐 바투타가 이슬람 지역은 물론, 동남아시아, 중국까지 세계 여러 곳을 여행했다는 이야기를 듣고 여행 내용을 책으로 쓰게 했어요. 이븐 바투타가 이야기를 하면 작가인 이븐 주자이가 받아썼지요. 이렇게 해서 세상에 나온 글이 그 유명한 《여행기》랍니다.

《여행기》는 이븐 바투타가 여행을 통해 본 여러 나라들의 풍습, 정치, 교통수단 등 당시의 사회 모습을 잘 보여 주고 있어, 역사가들에게 아주 귀한 자료가 되고 있답니다.

모로코 탕헤르에 있는 이븐 바투타의 무덤

9 수십 척의 선단으로 바다를 누빈 대항해가, 정화

1371~1433년

유럽인들이 본격적으로 바닷길 개척에 나서기 훨씬 전에 먼 항해에 나섰던 동양 사람이 있어요. 중국 명나라의 정화이지요. 그는 명나라 황실에서 여러 가지 일을 맡아보던 환관이었어요. 황제 영락제는 명나라의 이름을 널리 떨치고 싶었지요. 그래서 해상 사절단을 꾸린 뒤, 뛰어난 전략가이기도 했던 정화를 책임자로 앉혔어요.

거대 함대를 이끌고 나선 항해

1405년, 정화는 62척의 배와 2만 7800명의 부하를 거느리고 첫 항해(1405~1407년)에 나섰어요. 그는 동남아시아의 자와 섬을 거쳐 수마트라 섬에 잠시 머물렀지요. 그 뒤 인도 남서쪽의 항구 도시 캘리컷을 방문하고 돌아오는 길에는 실론에도 들렀어요.

정화가 가는 곳마다 각 나라들은 벌벌 떨었어요. 함대의 규모가 너무 커서 혹시 공격이라도 하면 어쩌나 한 거예요. 하지만 그는 공격하는 대신 각 나라들과 협정을 맺었어요. 그리고 여러 나라 왕들이 보낸 진귀한 물건들을 가득 싣고 돌아왔지요.

그 뒤 정화는 한 달 만에 2차 항해(1407~1409년)를 떠났어요. 자와 섬, 시암(타이), 수마트라 섬, 인도 등을 다시 찾아갔지요. 그리고 이때 시암의 아유타야 왕조가 명나라에 조공을 바치게 하는 성과를 거두었답니다.

> 난 1405년부터 1433년 사이에 일곱 차례에 걸쳐 세계의 바다를 항해했어요.

이때 세계는?
명나라는 1368년에 세워져 1644년에 농민 반란으로 멸망했어요. 원나라는 몽골 초원으로 쫓겨간 뒤 타타르로 불리게 됐지요.

수마트라 왕국에 정화가 선물했던 종

46

인도 술탄이
명나라에 바친 조공
: 술탄이 아프리카에서
선물 받았던 기린

지구 반대편까지 가서 명나라를 알리다

정화는 2차 항해에서 돌아온 지 두 달 만에 또다시 바다로 나섰어요. 이미 명나라의 힘을 알린 터라, 이번에는 간단하게 배 48척만 거느리고 갔지요. 그는 이때 말레이시아 반도의 믈라카에 항구를 건설했어요. 이 일은 3차 항해(1409~1411년) 중에 남긴 중요한 업적이에요. 믈라카는 그 뒤 동남아시아 최고의 항구 도시로 성장했답니다.

4차 항해(1413~1415년) 때에 정화는 아라비아와 아프리카까지 갔다 왔어요. 그 뒤 5차 항해(1417~1419년) 때도 아프리카에 갔지요. 그는 여러 나라 왕족을 사절단으로 데리고 돌아왔어요. 사자, 기린, 아라비아 말 같은 진귀한 동물들도 싣고 왔지요. 그는 6차 항해(1421~1422년)를 떠나는 길에 사절단을 다시 고향으로 데려다 주었어요.

약 30년, 일곱 차례에 걸친 항해

정화의 활약으로 명나라는 해외 곳곳에 이름을 떨쳤어요. 하지만 나쁜 점도 있었지요. 돈이 너무 많이 들었던 거예요. 그러다 보니 항해에 반대하는 사람도 많았어요. 또 몽골의 타타르족이 계속 북쪽 국경 지역을 위협했어요. 이런 사정으로 다음 항해는 미뤄지게 되었지요.

얼마 후 영락제가 죽고 홍희제가 황제가 되었어요. 홍희제는 해외 교류에 관심이 없었지요. 하지만 홍희제가 1년이 못 돼 죽고 선덕제가 그 뒤를 잇자 상황은 또 바뀌었어요. 정화가 드디어 7차 항해(1430년~1433년)에 나설 수 있게 된 거예요. 이번에 그는 동남아시아, 인도, 홍해를 거쳐 아프리카의 동해안을 돌고 이슬람교의 성지인 메카까지 갔다고 해요.

새로운 바닷길과 새로운 외교관계를 열다

　정화는 7차 항해에서 돌아오는 도중 병으로 세상을 떠났어요. 그가 죽은 뒤 명나라는 더 이상 해외로 원정대를 보내지 않았지요. 여러 곳에서 반란이 일어나는 바람에 다른 데 신경 쓸 겨를이 없었던 거예요.

　정화의 항해는 유럽의 바닷길 개척보다 시기만 앞섰던 것이 아니에요. 그 규모나 기술 면에서도 훨씬 앞서 있었지요. 정화가 이끈 원정대의 배는 길이가 140미터, 폭이 60미터에 이르렀어요. 또 무게는 수천 톤이나 나갔지요.

　이에 비해 콜럼버스가 첫 항해에 사용했던 배는 무척 작은 편이에요. 가장 큰 배인 산타마리아호가 길이 23미터에 폭 7.5미터 정도였고, 무게는 150톤 안팎에 지나지 않았으니까요. 서양에서는 16세기가 되어서야 500톤이 넘는 배가 등장했다고 해요. 이런 점을 생각하면, 명나라의 배 만드는 기술과 항해하는 기술이 얼마나 발달해 있었는지 잘 알 수 있어요.

　정화는 이렇게 중국 역사상 최대의 항해로 새로운 바닷길을 개척했어요. 그의 항해 뒤에 명나라는 30여 개 나라로부터 새롭게 조공을 받게 되었고, 명나라 백성들은 동남아시아에서 한층 더 활발하게 활동하게 되었답니다.

정화의 배와 콜럼버스의 산타마리아호(앞쪽)

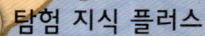 탐험 지식 플러스

인류 최초의 탐험가들은 누구였나요?

고대 수메르 기원전 3500~기원전 1900년

메소포타미아 지역의 수메르인들은 기원전 3500년 무렵부터 여러 도시 국가를 이루고 살았어요. 이들은 일찍부터 이집트와 무역을 했지요. 기원전 3000년부터는 청동을 만들어 썼는데, 재료가 되는 주석과 구리도 모두 다른 곳에서 사왔어요. 고대 수메르 상인들은 금속과 나무 등을 사고 농산물과 금속품을 팔러 인도양과 지중해까지 갔답니다.

수메르인이 발명한 쐐기문자

고대 이집트 기원전 3000~기원전 332년

고대 이집트 사람들도 수메르인들과 비슷한 때부터 다른 나라들과 육지길이나 바닷길로 무역을 했어요. 이들은 유럽인들보다 수천 년이나 앞서 아프리카 동해안을 탐험했지요. 기원전 1460년, 이집트 왕실은 대규모 원정대를 파견하기도 했어요. 소말리아의 푼트로 다섯 척의 배에 1,000명이 넘는 사람들을 태워 보내 상아, 물약, 유향을 가져오게 했지요.

파라오 무덤 벽에 새겨진 푼트 원정대

고대 페니키아 기원전 1200~기원전 539년

페니키아는 상업, 문자, 항해술이 발달하여 당시 해상 무역의 중심지였어요. 페니키아 사람들은 기원전 1100년대에 이미 지중해를 가로질러 항해했지요. 이들은 아프리카 북쪽에 식민지 카르타고를 세웠을 뿐만 아니라, 아프리카의 해안을 모두 둘러보았어요. 또 지중해와 대서양 사이에 있는 지브롤터 해협까지 탐험했답니다.

현대 알파벳의 기원 페니키아 알파벳

고대 페르시아 제국 기원전 550~기원전 330년

대제국을 이루었던 페르시아도 탐험에 뛰어들었다는 기록이 있어요. 기원전 515년, 다리우스 1세(기원전 550~기원전 486년)는 인도 지역을 정복한 뒤, 스킬락스라는 유명한 탐험가를 보내 인도양을 탐험하게 했어요. 그다음 자신도 직접 지금의 파키스탄의 볼란 고개와 인도 서북부를 둘러보고 페르시아로 돌아왔지요.

제국의 영토를 넓힌 다리우스 1세 ▶

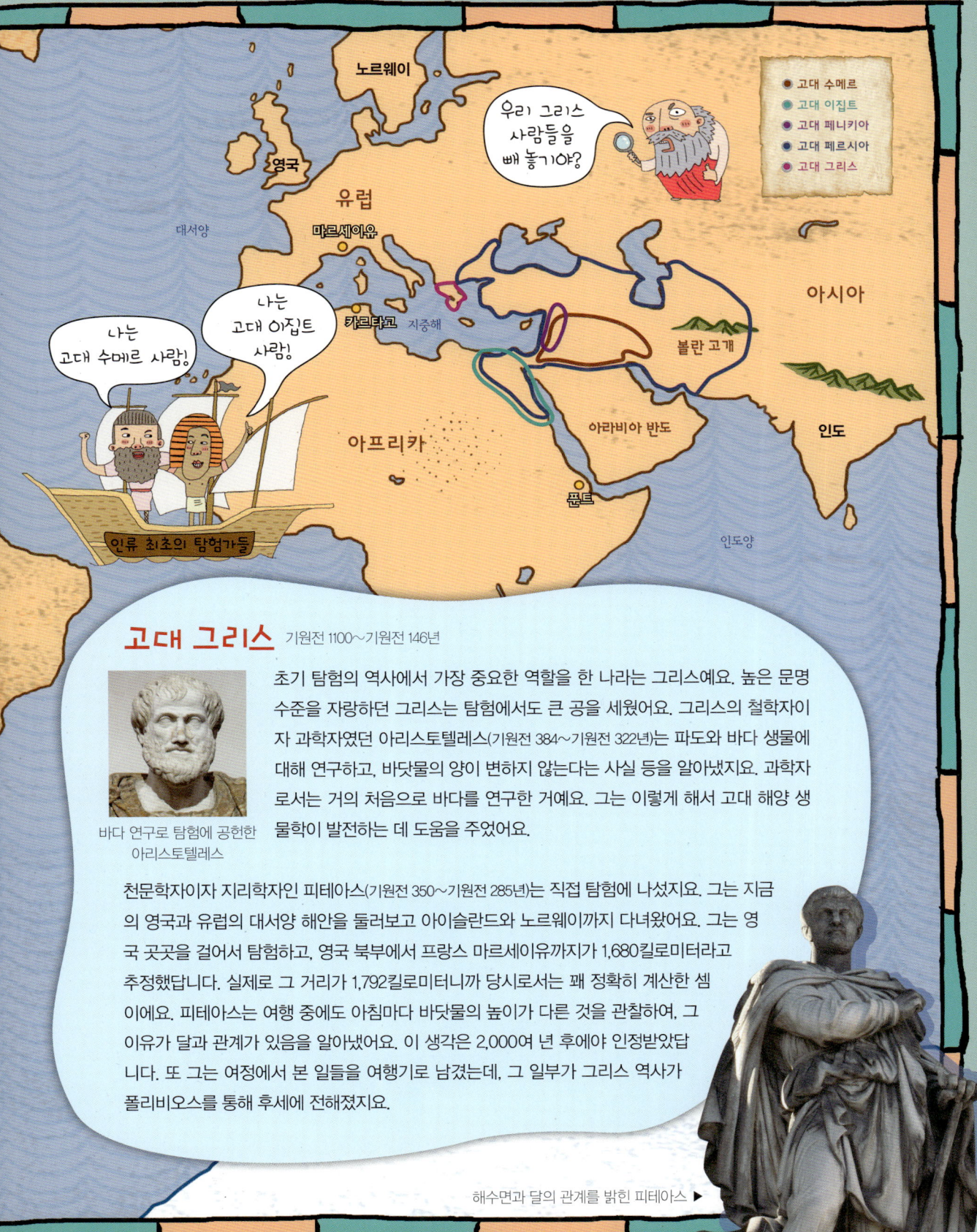

고대 그리스 기원전 1100~기원전 146년

초기 탐험의 역사에서 가장 중요한 역할을 한 나라는 그리스예요. 높은 문명 수준을 자랑하던 그리스는 탐험에서도 큰 공을 세웠어요. 그리스의 철학자이자 과학자였던 아리스토텔레스(기원전 384~기원전 322년)는 파도와 바다 생물에 대해 연구하고, 바닷물의 양이 변하지 않는다는 사실 등을 알아냈지요. 과학자로서는 거의 처음으로 바다를 연구한 거예요. 그는 이렇게 해서 고대 해양 생물학이 발전하는 데 도움을 주었어요.

바다 연구로 탐험에 공헌한 아리스토텔레스

천문학자이자 지리학자인 피테아스(기원전 350~기원전 285년)는 직접 탐험에 나섰지요. 그는 지금의 영국과 유럽의 대서양 해안을 둘러보고 아이슬란드와 노르웨이까지 다녀왔어요. 그는 영국 곳곳을 걸어서 탐험하고, 영국 북부에서 프랑스 마르세이유까지가 1,680킬로미터라고 추정했답니다. 실제로 그 거리가 1,792킬로미터니까 당시로서는 꽤 정확히 계산한 셈이에요. 피테아스는 여행 중에도 아침마다 바닷물의 높이가 다른 것을 관찰하여, 그 이유가 달과 관계가 있음을 알아냈어요. 이 생각은 2,000여 년 후에야 인정받았답니다. 또 그는 여정에서 본 일들을 여행기로 남겼는데, 그 일부가 그리스 역사가 폴리비오스를 통해 후세에 전해졌지요.

▶ 해수면과 달의 관계를 밝힌 피테아스

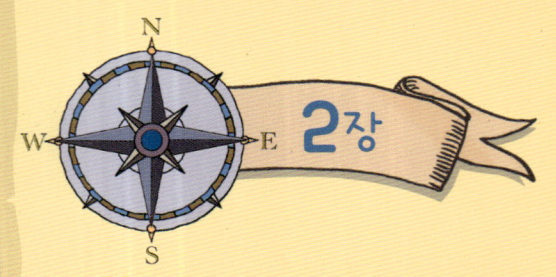

2장

바닷길을 열고
미지의 땅을 정복하다

포르투갈의 왕자 엔히크의 적극적인 노력으로
바다로 향한 본격적인 탐험의 시대가 열렸어요.
포르투갈이 새로운 바닷길을 찾아 영토를 넓히자
다른 유럽 나라들도 잇달아 바닷길 개척에 뛰어들었지요.
비로소 대항해 시대가 시작된 것이에요.
그럼 이때 유럽의 탐험가들이 무슨 이유로
세계 곳곳으로 가게 되었는지 함께 알아보아요.

포르투갈 왕국 성립	1139년
영국·프랑스, 백년 전쟁	1337~1453년
유럽, 흑사병 유행	1340년대
교회의 대분열	1378~1417년
조선 건국	1392년
아프리카 항해의 개척자, **엔히크** ①	1418~1460년
잔 다르크, 영국군 격파	1429년
조선, 훈민정음 반포	1446년
구텐베르크, 활판 인쇄술 발명	1450년대
비잔티움 제국 멸망	1453년
영국, 장미 전쟁	1455~1485년
일본, 전국 시대 시작	1467년
에스파냐 왕국 성립	1479년
조선, 기본 법전 경국대전 실시	1485년
아프리카의 남쪽 끝에 닿은 **바르톨로메우 디아스** ②	1487~1488년
아메리카 대륙에서 인도를 외친 **콜럼버스** ③	1492년
북아메리카를 중국으로 착각한 **캐벗**  ④	1497년
희망봉을 돌아 인도에 도착한 **바스쿠 다 가마**  ⑤	1497~1498년
서유럽, 온 세계로 뻗다! 대항해 시대	탐험 지식 플러스

1 아프리카 항해의 개척자, 엔히크

1394~1460년

포르투갈의 왕자 엔히크는 인도로 가는 뱃길을 찾는 데 큰 관심을 가지고 있었어요. 그때 유럽에서는 그 뱃길을 찾는 일이 무척 중요했지요. 인도에서 후추나 정향이 많이 생산되었기 때문이에요. 이 향신료들은 유럽에서 인기가 좋았지만 생산되지는 않았기 때문에 값이 무척 비쌌어요.

후추나무

정향나무

유럽 최초의 대서양 탐험을 성공시키다

당시 유럽에서 육지를 통해 인도로 가려면 이슬람을 믿는 나라들을 지나야 했어요. 그런데 크리스트교를 믿는 유럽의 나라들은 이들과 굉장히 사이가 안 좋았어요. 그래서 인도로 가려면 바다를 통하는 수밖에 없었지요.

1415년, 엔히크는 지금의 모로코에 있는 세우타로 군사를 이끌고 갔어요. 세우타는 이슬람 세계의 무역 중심지여서 향신료, 양탄자, 비단, 보석 등이 아주 많았기 때문이에요. 하지만 포르투갈이 세우타를 정복하자 이슬람 상인들은 발길을 끊었어요. 그로 인해 귀한 물건들 역시 더 이상 세우타로 들어오지 않았지요.

엔히크는 새로운 뱃길을 찾아 직접 무역을 하려고 탐험대를 뽑아 아프리카 서쪽 해안으로 보냈어요. 1418년에 탐험대는 드디어 새로운 섬들을 발견했지요. 지금의 마데이라 제도였어요. 포르투갈은 이곳을 식민지로 삼고 본격적으로 탐험 준비를 시작했답니다.

난 1418년부터 1460년까지 새로운 바닷길을 찾기 위해 애썼어요.

이때 세계는?
오스만 제국이 1453년 비잔티움 제국을 멸망시켰어요. 그 뒤 콘스탄티노폴리스를 이스탄불로 이름을 바꿔 수도로 삼았어요.

세상의 끝, 보자도르 곶을 넘어

엔히크는 포르투갈 남서부에 항해 연구소를 세웠어요. 그러자 탐험에 관심이 있는 항해사, 지도 제작자, 천문학자 등이 찾아왔지요. 이들은 연구소에서 정보를 주고받고 새로운 항해 도구를 개발했어요. 이 시기에 이룬 가장 큰 성과는 삼각돛을 단 '카라벨'이라는 배를 만든 것이에요. 이 배는 크기는 작은 편이지만 거센 바람을 뚫고 빠르게 항해하기에 알맞았어요. 엔히크가 보낸 탐험대는 모두 이 배를 사용했지요.

처음에 엔히크의 탐험대들은 멀리 못 가고 아프리카 북서부의 보자도르 곶에서 되돌아왔어요. 그곳은 파도가 심하고 암초가 많아 항해하기 위험했거든요. 게다가 당시엔 지구가 편평하다고 믿어서, 더 이상 가면 세상의 끝으로 떨어질 거라고 두려워하는 사람도 많았어요. 그러나 1434년, 열네 번의 실패 끝에 마침내 질 에아네스가 이끄는 탐험대가 보자도르 곶을 지났답니다.

노예 무역의 길을 열게 된 바닷길 개척

엔히크는 여기서 만족하지 않고 그 뒤로도 계속 카라벨 선에 탐험대를 태워 보냈지요. 그런데 1441년에 한 탐험대가 아프리카 서해안에 닿아 그곳의 사람들을 포르투갈로 끌고 왔어요. 이들은 서아프리카에서 유럽으로 온 최초의 흑인 노예였지요.

포르투갈이 바닷길 개척에 이용했던 카라벨 선

당시 엔히크는 탐험에 많은 돈을 썼지만 별다른 성과를 못 내고 있었어요. 하지만 탐험 후원을 그만둘 생각은 없었어요. 그래서 그는 아프리카인들을 노예로 팔아 탐험에 드는 비용을 마련했어요. 그 뒤로 유럽인들은 앞을 다투어 아프리카인들을 붙잡아 노예로 팔기 시작했지요. 노예 무역을 시작한 일은 엔히크가 남긴 큰 잘못이에요.

엔히크는 죽기 직전까지 수많은 바닷길을 개척하고 아프리카 이곳저곳을 탐험하는 데 힘썼어요. 인도로 가는 바닷길은 끝내 못 찾았지만 탐험 활동을 도와 지리학과 무역 활동의 발전에 기여했지요. 그 덕분에 포르투갈은 아프리카의 금, 상아, 노예 등을 팔아 큰돈을 벌게 되었어요. 또 유럽에서 항해를 주도하는 나라가 되었지요. 사람들은 그 업적을 기려 엔히크에게 '항해왕'이라는 명예로운 별명을 주었답니다.

포르투갈의 바탈랴 수도원에 있는 엔히크의 묘

2 아프리카의 남쪽 끝에 닿은 바르톨로메우 디아스

1450~1500년

바르톨로메우 디아스는 포르투갈의 귀족으로 태어났어요. 그는 주앙 2세로부터 아프리카의 남쪽 끝이 어딘지 알아 오라는 명령을 받았지요. 인도로 가는 뱃길을 찾으려면 먼저 이곳을 꼭 알아야 했기 때문이에요.

폭풍과 싸운 끝에 기념비를 세우다

포르투갈의 주앙 2세는 작은할아버지였던 엔히크 왕자만큼 탐험에 열정적이었어요. 그는 아프리카 남쪽 끝을 찾기 위해 많은 탐험대를 보냈지요. 그런데 바르톨로메우 디아스에게는 물품을 실은 배까지 한 척 내주었어요. 탐험대에 보급선이 따라간 건 이때가 처음이었지요. 1487년, 디아스는 임무를 완수할 좋은 기회라고 생각하고 탐험에 나섰답니다.

항해 처음에는 별 어려움이 없었어요. 하지만 몇 달이 지난 어느 날 엄청난 폭풍이 불었지요. 디아스와 선원들은 생전 처음 맞는 거센 바람과 파도에 13일 동안이나 시달렸어요. 그런데 폭풍이 지나자 배가 남쪽이 아닌 동쪽으로 가고 있는 게 아니겠어요?

이에 희망이 생긴 디아스는 돌아가자는 선원들을 달래가며 항해를 계속했어요. 그리고 마침내 육지를 발견했지요. 그는 원주민 목동이 소를 모는 모습을 보고 그곳에 '목동의 만'이라는 멋진 이름을 붙였답니다. 그다음 그곳이 포르투갈의 새 영토임을 알리는 기념비를 세웠지요.

> 난 1487년부터 1488년까지 아프리카 대륙 남쪽으로 항해했어요.

이때 세계는?
영국은 귀족들 사이에 장미 전쟁이 벌어지고 있었어요. 왕위 계승 문제 때문에 일어난 이 전쟁은 1455년부터 1485년까지 이어졌어요.

기념비를 세우는 디아스(왼쪽)

바르톨로메우 디아스는 항해를 떠난 지 열여섯 달 만에 돌아와 주앙 2세에게 아프리카 남쪽 끝에 다녀왔다고 알렸어요.

아프리카 남쪽 끝을 다시 넘어 집으로

디아스는 이제 북쪽으로 가면 인도로 갈 수 있을 것 같았어요. 그런데 그가 항해를 계속하려 하자 선원들이 집으로 돌아가자고 아우성이었어요. 그들은 폭풍에 보급선도 잃어버려 불안했고 오랜 항해 끝에 지쳤던 거예요. 결국 포르투갈로 돌아가는 쪽으로 의견이 모아졌지요.

배를 돌려 돌아가는 도중에, 디아스는 처음에 모르고 지나쳤던 아프리카 남쪽 끝을 볼 수 있었어요. 그곳은 여전히 파도가 높고 바람이 거셌지요. 그는 폭풍 때문에 죽을 뻔했던 기억을 떠올리고는 그곳을 '폭풍의 곶'이라고 이름 지었어요.

포르투갈로 돌아온 뒤, 디아스는 주앙 2세에게 드디어 아프리카 남쪽 끝을 찾았다는 소식을 전했어요. 주앙 2세는 무척 기뻐했어요.

폭풍의 곶이 희망봉이 되다

주앙 2세는 아프리카 남쪽 끝에 '희망봉'이라는 새 이름을 붙였어요. 인도로 가는 뱃길이 발견되기를 바란다는 뜻이었지요. 이렇게 해서 폭풍우가 거센 바다 근처의 땅에 희망봉이라는, 조금은 어울리지 않는 이름이 생기게 되었어요.

한편, 디아스는 나중에 바스쿠 다 가마가 인도에 갈 때 중간까지 길을 안내하기도 했어요. 그는 나중에 두 번째 인도 원정대에 참여했다가 희망봉에서 폭풍에 목숨을 잃었답니다.

바르톨로메우 디아스는 왜 아프리카 남쪽 끝을 지나친지 몰랐을까요?

이 시기 탐험가들은 항해에 북극성을 이용했어요. 하지만 적도 남쪽에서는 북극성이 안 보여서 해안을 따라 항해했지요. 먼저 다녀간 탐험가들이 해안 언덕에 꽂아 둔 표지판이나 기념비로 위치를 가늠한 거예요.

사정이 이렇다 보니, 적도 남쪽을 항해하다가 해안에서 멀어지면 자기가 어디 있는지 알 수 있는 방법이 없었어요. 바르톨로메우 디아스가 처음에 아프리카 남쪽 끝을 지난지 몰랐던 것도 폭풍으로 인해 해안에서 밀려나 있었기 때문이에요.

나중에는 해도가 자세해져서 적도 남쪽에서도 정확한 위치를 알 수 있게 되었어요. 해도란 바다의 깊이, 암초 위치, 조류의 방향, 바다에 닿은 육지 모양 등이 나와 있는 항해용 지도랍니다.

▲ 1489년에 제작된 해도
◀ 현대의 전자 해도

3 아메리카 대륙에서 인도를 외친
콜럼버스

1451~1506년

크리스토퍼 콜럼버스는 이탈리아에서 태어났어요. 그는 마르코 폴로의 《동방견문록》을 즐겨 읽었지요. 그의 꿈은 인도로 가는 뱃길을 찾는 것이었어요. 당시 사람들은 육지가 바다보다 훨씬 크다고 생각했어요. 그래서 그도 아프리카를 돌아가는 것보다 대서양을 가로지르는 것이 인도에 더 빨리 닿는 길이라 믿었지요.

> 나는 1492년에 아메리카 대륙에 닿았어요.

이때 세계는?
에스파냐 왕국이 1479년에 세워졌어요. 흔히 스페인으로 불리는 에스파냐 왕국은 오늘날까지 이어지고 있지요.

산타마리아호를 타고 인도로 출발하다

1492년 8월 3일, 콜럼버스는 산타마리아호, 니냐호, 핀타호라는 배 세 척과 100여 명의 선원들을 이끌고 항해를 시작했어요. 그는 이 항해를 떠나기 위해 오랫동안 기다려야 했어요. 그는 여러 해에 걸쳐 여러 나라 왕들에게 도움을 구하다가, 드디어 에스파냐의 이사벨라 여왕에게서 지원을 받게 되었지요. 이사벨라 여왕은 그가 성공하면 큰 이익을 거둘 수 있을 것이라고 기대했던 거예요.

콜럼버스는 몇 달 후에 한 섬에 닿아 인도를 찾았다고 생각했어요. 그래서 그 섬을 산살바도르(성스러운 구세주)라고 이름 짓고 나서 향신료와 황금을 찾아 나섰지요. 그는 원주민들에게 손짓 발짓으로 물어보고 지금의 쿠바와 히스파니올라 섬까지 가게 되었어요. 그런데 거기에서 산타마리아호가 부서지자, 선원들 일부를 그 섬에 남겨 두고 일단 배를 돌렸지요.

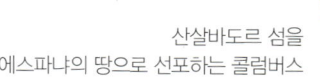

산살바도르 섬을 에스파냐의 땅으로 선포하는 콜럼버스

에스파냐의 식민지가 된 히스파니올라 섬

에스파냐로 돌아온 콜럼버스는 영웅처럼 크게 환영받았어요. 자기가 발견한 땅이 기름지고 금이 많다고 말했기 때문이에요. 그는 이때 중앙아메리카 원주민들의 담배와 해먹(그물 침대)을 유럽에 처음 전하기도 했지요. 1493년, 그는 배 17척과 1,200명에 이르는 사람들을 이끌고 다시 떠났어요. 이번에는 식민지를 건설하려고 떠난 거예요.

콜럼버스가 히스파니올라 섬에 닿고 보니 전에 남겨 둔 선원들은 원주민과의 싸움 끝에 모두 죽고 없었어요. 하지만 그는 힘을 앞세워 그곳을 식민지로 만들어 다스렸지요. 그리고 향신료와 황금을 찾지 못하자 대신 원주민들을 잡아다 에스파냐로 보냈어요. 새 식민지가 큰 이익을 못 낸 탓에 그는 화가 잔뜩 난 이사벨라 여왕으로부터 크게 꾸짖음을 당했다고 해요.

히스파니올라 섬에 첫발을 디딘 콜럼버스

월식을 이용하여 자메이카 원주민을 겁먹게 한 콜럼버스

드디어 인도가 보인다. 감사합니다.

콜럼버스의 항해 (1492~1493년)
에스파냐

아메리카 대륙의 고난이 시작되다

그 후 콜럼버스는 또 탐험을 했지만 자메이카 섬에 닿았을 뿐이었어요. 그는 히스파니올라 섬을 너무 잔인하게 다스려서 총독 자리에서도 물러나야 했지요.

이사벨라 여왕을 알현하는 콜럼버스

그런 뒤에도 콜럼버스는 마지막으로 한 번 더 항해에 나섰지만 끝내 인도로 가는 뱃길은 못 찾았어요. 그러다가 탐험을 돕던 이사벨라 여왕이 죽자, 그도 사람들에게서 잊혀 쓸쓸하게 생을 마쳤답니다.

아메리카 대륙은 콜럼버스에 의해 유럽인들의 관심을 끌게 되었어요. 그리고 점차 유럽의 식민지가 되고 말지요. 아메리카 원주민들에게 길고 힘든 시간이 시작된 것이에요.

에스파냐 세비야의 대성당에 있는 콜럼버스의 관

흥미진진 탐험 속 세계사

신대륙에 왜 **아메리고 베스푸치**의 이름을 붙였을까요?

이탈리아의 탐험가 아메리고 베스푸치는 1499년에 아메리카 대륙을 탐험했어요. 그는 친구에게 보내는 편지에서 '신대륙'이라는 말을 처음으로 썼지요. 그 편지들은 1504년에 책으로 나와 큰 인기를 끌었어요.
마르틴 발트제뮐러라는 독일의 지도 제작자는 그 책을 읽고, 지도를 만들면서 신대륙을 아메리카로 표시했어요. 아메리고 베스푸치의 이름을 따 새로운 이름을 붙인 거예요. 그런데 그 지도가 널리 퍼지게 되었고, 그 뒤로 콜럼버스가 발견한 대륙은 아메리카로 불리게 되었답니다.

아메리고 베스푸치(1454~1512년)

4 북아메리카를 중국으로 착각한
캐벗

1450~1499년

콜럼버스가 새로운 땅을 발견한 뒤부터 사람들은 새 바닷길을 찾는 일에 크게 흥미를 느끼고 있었어요. 존 캐벗도 이탈리아의 베네치아에서 무역일을 하다가 대서양 탐험에 관심을 가지게 되었지요. 그래서 그 역시 콜럼버스처럼 자기를 도와줄 사람을 찾았어요. 하지만 아무도 나서지 않자 영국의 잉글랜드로 건너왔지요.

영국, 새로운 바닷길을 찾기 시작하다

당시 포르투갈과 에스파냐는 새로운 땅을 찾아내 많은 이득을 누리고 있었어요. 하지만 영국은 한발 뒤처져서 향신료나 보석 등을 여전히 비싸게 사야 했지요. 그래서 영국의 왕 헨리 7세는 새 뱃길을 찾는 데 적극적이었어요. 덕분에 캐벗이 드디어 항해에 나설 수 있게 되었지요.

1496년에 캐벗은 브리스톨 항을 떠났어요. 콜럼버스보다 좀 더 북쪽에서 출발하면 좀 더 빨리 동양에 닿을 수 있을 거라고 생각했지요. 지구는 둥글기 때문에, 북극점 가까이서 출발할수록 동양의 육지까지 항해하는 거리도 짧아질 테니까요. 하지만 그는 이내 어려움에 부딪혔어요. 식량도 부족했고 바다 날씨도 너무 나빴던 거예요. 더구나 선원들과 의견도 맞지 않았어요. 그는 결국 도중에 돌아올 수밖에 없었지요.

> 난 1497년에 북아메리카 대륙으로 항해했어요.

이때 세계는?
1502년에 지금의 이란 지역에 사파비 왕조가 일어나고 있었어요. 사파비 왕조는 1736년에 아프간 족에 의해 멸망했어요.

런던에서 항해 계획에 관해 이야기하는 캐벗(가운데)

중국이 아닌 북아메리카에 도달하다

1497년 5월 2일, 캐벗은 '매튜'라는 배를 타고 다시 항해를 시작했어요. 그리고 바다에서 한 달을 훌쩍 넘게 보냈을 때 마침내 새로운 육지를 보았지요. 그는 그곳이 영국의 땅이라고 표시하기 위해 영국의 국기를 꽂았어요. 그곳에는 사람이 살고 있는 흔적이 있었지만 사람은 보이지 않았지요. 자기가 중국에 닿았다고 생각한 그는 영국으로 돌아왔어요. 헨리 7세는 캐벗이 발견한 땅을 '새로 발견한 땅'이라는 뜻으로 뉴펀들랜드라고 이름 붙였답니다.

이듬해, 캐벗은 지팡구(일본)까지 갈 생각으로 다시 항해에 나섰어요. 이번에는 다섯 척의 배에 옷이나 모자 등 무역을 할 상품을 싣고 갔지요. 하지만 그 뒤로 그의 소식을 들은 이는 아무도 없어요. 폭풍을 만나 아일랜드에 발이 묶인 한 척만 빼고, 캐벗 탐험대의 배들은 모두 사라졌지요. 캐벗과 일행은 1499년에 바다에서 목숨을 잃은 것으로 여겨지고 있어요.

뉴펀들랜드의 캐벗 타워

뉴펀들랜드를 영국 땅으로 선포하는 캐벗

북아메리카에 발을 디딘 두 번째 유럽인

캐벗이 중국이라고 생각한 뉴펀들랜드는 사실 북아메리카였어요. 그 중에서도 지금의 캐나다 동부 지역이지요. 그는 오랫동안 북아메리카 대륙에 첫발을 디딘 유럽 사람으로 여겨졌어요. 아메리카 대륙을 먼저 탐험한 콜럼버스와 아메리고 베스푸치는 중앙아메리카나 남아메리카만을 탐험했을 뿐이거든요.

하지만 사실 뉴펀들랜드에 첫발을 디딘 유럽 사람은 캐벗이 아닌 바이킹이에요. 물론 바이킹이 오기 훨씬 전부터 북아메리카의 원주민과 이누이트족(북극 지방의 원주민)이 살고 있었지요. 하지만 아직도 캐벗이 뉴펀들랜드를 처음 발견했다고 생각하는 사람들이 많아요. 아무튼 그 뒤 영국은 그의 탐험 덕분에 캐나다에 식민지를 세울 수 있었답니다.

뉴펀들랜드 보나비스타 곶에 있는 캐벗의 동상

후추가 대항해 시대를 열었다고요?

육류를 많이 먹던 유럽인들은 향신료 중에서도 특히 후추를 좋아했어요. 당시에는 이슬람 상인들이 인도에서 후추를 수입하면, 이탈리아의 베네치아가 사들인 뒤에 값을 높여 되팔았지요. 후추는 지중해를 중심으로 사고팔렸고 금보다 더 비쌌어요.

그런데 포르투갈은 후추를 잘 구할 수 없었어요. 후추값이 비싸기도 했지만 포르투갈이 자리한 이베리아 반도가 지중해 서쪽 끝에 있어 지중해 무역에 잘 끼지 못했던 거예요. 포르투갈이 인도로 가는 길을 찾으려고 한 건 바로 이 때문이에요. 결국 포르투갈의 바닷길 개척으로 대항해 시대가 시작되었으니, 후추의 힘이 정말 대단하지요?

마르코 폴로의 《동방견문록》에 묘사된 후추 수확

5 희망봉을 돌아 인도에 도착한
바스쿠 다 가마

1469~1524년

바스쿠 다 가마는 포르투갈에서 태어났어요. 포르투갈은 인도로 가는 뱃길을 찾는 데 다른 유럽 나라들보다 더 열심이었지요. 포르투갈의 왕 마누엘 1세는 다 가마에게 그 임무를 맡겼어요.

향신료를 찾아 멀고 먼 인도로

1497년 7월 8일, 포르투갈의 리스본 항에는 수많은 사람들이 모여 있었어요. 바스쿠 다 가마와 일행이 인도로 떠나는 모습을 보려고 모인 것이었지요. 그때까지 유럽인들 가운데 바닷길을 통해 인도에 간 사람은 아무도 없었어요. 그 항해는 그만큼 힘들고 위험했답니다.

다 가마가 위험을 무릅쓰고 인도로 가려던 이유는 무엇일까요? 바로 향신료 때문이에요. 당시에는 이슬람 상인들이 인도와의 무역을 독차지해 향신료가 무척 비쌌어요. 그런데 다 가마가 인도에 가서 무역 협정을 맺으면, 포르투갈은 싸게 향신료를 들여올 수 있었지요. 포르투갈은 이렇게 향신료를 사와서 다른 유럽 나라에 비싸게 팔 생각이었어요.

항해에 나선 다 가마는 무사히 아프리카의 희망봉을 지났어요. 그리고 오늘날 케냐에 속하는 말린디 항까지 갔지요. 그때까지 유럽 사람 중에는 아무도 말린디 항 너머로 가 본 이가 없었어요. 그래서 그곳에서 인도의 지리를 잘 아는 아랍인 항해사를 구해 다시 길을 떠났지요.

> 난 1497년에 항해를 떠나 1498년에 마침내 인도에 도착했어요.

이때 세계는?
서아시아에 이슬람을 믿는 티무르 제국이 있었어요. 티무르 제국은 1370년 세워져 1500년에 이민족 침입으로 멸망했어요.

포르투갈을 떠나기 전 마누엘 1세에게 인사를 올리는 다 가마

뱃길로 인도에 다녀온 첫 번째 유럽인

1498년 5월에 다 가마는 마침내 인도의 캘리컷 항에 도착했어요. 그는 캘리컷의 왕에게 포르투갈에서 가져온 예복과 모자, 현악기, 설탕과 같은 선물을 주었지요. 하지만 캘리컷의 왕은 그것들이 인도에서는 너무 흔하고 하찮은 물건이라며 받지 않았어요. 다 가마는 무역 협정을 맺지 못하고 인도를 떠나야 했지요.

포르투갈로 돌아오는 길은 힘들었어요. 맞바람 때문에 갈 때보다 훨씬 오래 항해해야 했고, 그러는 사이 괴혈병으로 선원들이 죽어 갔지요. 괴혈병은 비타민 부족으로 생겨서 신선한 채소를 먹으면 쉽게 나아요.

하지만 다 가마의 탐험대는 채소가 바닥난 지 오래였어요. 선원들이 많이 죽은 탓에 배 한 척은 항해를 할 수가 없어 불태워야 했지요. 다 가마는 1499년에 간신히 포르투갈로 돌아왔어요. 마누엘 1세는 그에게 귀족의 지위를 내리며 그동안의 고생을 위로했지요.

캘리컷의 왕을 만나는 다 가마

다 가마의 기념비

포르투갈
이슬람 영향권
바스쿠 다 가마의 항해 경로

포르투갈, 힘으로 인도와 무역을 시작하다

다 가마는 1502년에 군함을 이끌고 다시 인도로 갔어요. 그곳에 있던 포르투갈인들이 이슬람 상인들과 싸우다가 죽임을 당했기 때문이에요. 그는 인도로 가는 도중에 만난 이슬람 상인들 수백 명을 죽였어요. 또 캘리컷에 도착해서도 대포를 퍼붓고 닥치는 대로 시민들을 죽였지요.

그 뒤에 포르투갈은 인도 남서부 해안의 도시들을 쉽게 식민지로 만들었어요. 1524년, 다 가마는 총독이 되어 다시 인도로 갔지요. 하지만 말라리아에 걸려 석 달 만에 세상을 떠났어요.

다 가마는 유럽이 인도와 직접 무역할 수 있는 길을 열었어요. 하지만 참으로 잔인한 방법을 써서 이룬 일이었지요. 아무튼 그의 활약으로 포르투갈은 인도양을 지배하게 되었어요. 그뿐만 아니라 멀리 중국, 일본과도 무역을 해 큰 이익을 얻었답니다. 드디어 세계 모든 지역이 뱃길로 이어지는 시대가 활짝 열리게 된 거예요.

포르투갈에 있는 다 가마의 동상

이 선 안에 있는 건 다 내 거! 토르데시야스 조약

앞다투어 탐험에 나섰던 에스파냐와 포르투갈은 새로 발견한 땅을 두고 싸우곤 했어요. 로마 교황이 나선 끝에, 두 나라는 1494년에 에스파냐의 토르데시야스에서 조약을 맺었지요. 지구를 동서로 나눈 뒤, 포르투갈이 동쪽의 새 땅을 갖고 에스파냐가 서쪽의 새 땅을 갖기로 한 거예요. 포르투갈이 남아메리카에서 브라질만 차지한 것도 이 조약 때문이랍니다.

탐험 지식 플러스

서유럽, 온 세계로 뻗다! 대항해 시대

대항해 시대란 서유럽 나라들이 새로운 바닷길을 통해 새로운 땅을 찾아 나서던 시대예요. 보통 15세기부터 17세기까지를 말한답니다. 그럼 당시 유럽은 어떤 상황이었는지 알아볼까요?

십자군 전쟁 이후 동방이 부쩍 궁금해지다!

11세기 말부터 13세기 말까지 크리스트교를 믿는 서유럽 나라들과 이슬람교를 믿는 나라들이 큰 전쟁을 벌였어요. 이 전쟁은 예수가 탄생한 성지인 예루살렘을 서로 차지하려고 해서 일어났지요. 그래서 십자군 전쟁이라고 해요. 유럽인들은 이 전쟁에 참여하면서 동방에 관심을 갖게 되었어요. 동방에서는 유럽에서 귀했던 향료, 비단, 보석 등이 많이 났기 때문이에요. 이런 가운데 마르코 폴로가 원나라에 다녀와 《동방견문록》을 내놓자, 동방에 대한 호기심은 더욱 커졌어요.

십자군과 이슬람군의 전투

지리학과 천문학 발전으로 세계관이 달라지다!

중세 시대 유럽인들은 천동설을 믿었어요. 천동설은 태양과 별들이 지구를 중심으로 돈다는 주장이에요. 그런데 코페르니쿠스나 갈릴레이는 지구가 태양 주변을 돈다는 지동설을 주장했어요. 이런 생각은 중세 유럽의 우주관을 크게 바꾸어 놓았지요.

또 지구가 평평한 네모가 아니라 둥근 공처럼 생겼다고 믿는 사람들도 점점 늘어났어요. 지구가 둥글다면 동쪽이나 서쪽, 그 어느 쪽으로 항해해도 값비싼 향신료가 가득한 인도에 갈 수 있지요. 이렇게 세상을 보는 눈이 변하자, 서유럽인들은 새로운 세계로 나가고자 하는 마음이 더욱 커졌어요.

평평한 지구 끝에 다다른 사람

◀▶ 포르투갈의 수도 리스본에 있는 발견기념비

먼바다로 갈 수 있는 항해 기술이 발달하다!

바닷길을 개척하기 위해서는 먼바다에서도 빠르고 안전하게 타고 다닐 수 있는 배가 있어야 하지요. 포르투갈은 카라벨 선을 개발한 뒤에 네모난 돛을 단 배인 카라크 선도 만들어 냈어요. 이 배는 카라벨 선보다 크기가 커서 사람과 물건을 많이 실을 수 있었지요. 콜럼버스의 산타마리아호가 바로 카라크 선이었답니다.

항해를 하려면 별을 관측하여 방향을 알아낼 수 있는 기구도 필요해요. 서유럽에서는 12세기에 이슬람을 통해 '아스트롤라베'와 중국의 나침반이 들어와 있었어요. 아스트롤라베는 땅에서 별을 관측하는 기구인데, 이때 흔들리는 배 위에서도 쓸 수 있는 것이 만들어졌답니다.

포르투갈의 카라크 선

아스트롤라베는 이렇게 쓰는 거야!

대항해 시대가 불러온 결과는?

대항해 시대 전에 유럽의 무역 중심지는 지중해였어요. 하지만 포르투갈과 에스파냐는 지중해 무역에 잘 끼지 못했지요. 그들이 자리한 이베리아 반도가 지중해 서쪽 끄트머리에 있어 지리적으로 불리했기 때문이에요. 이것이 포르투갈과 에스파냐가 가장 먼저 대서양으로 나서 새로운 바닷길을 찾은 이유예요.

그 뒤 네덜란드, 영국과 같은 다른 서유럽 나라들도 질세라 바닷길 개척에 뛰어들었어요. 이들은 곧 아메리카, 아프리카, 아시아의 각 지역을 손에 넣게 되었지요. 그러자 서유럽에 향신료, 면직물이 값싸게 들어오고 옥수수, 감자 같은 새로운 곡식이 소개되었어요. 아메리카 대륙에서 엄청난 양의 금과 은도 들어왔지요. 무역의 중심지도 자연히 대서양으로 바뀌었어요. 이렇게 서유럽은 새로 차지한 식민지를 바탕으로 전에 없이 풍요를 누리게 되었답니다.

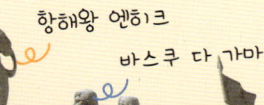
항해왕 엔히크
바스쿠 다 가마
바르톨로메우 디아스

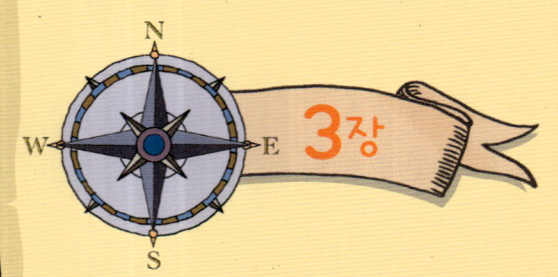

3장
황금과 식민지를 찾아 나서다

대항해 시대로 멀리까지 항해하는 데 익숙해진
유럽 여러 나라들은 이제 앞다투어 새 영토를 찾아 나섰어요.
이들은 아프리카, 아메리카, 아시아 대륙으로 가서
원주민들의 삶과 문명을 마구 파괴했지요.
새로운 대륙을 찾아간 유럽인들의 탐험은
그곳 원주민들에게는 비극의 시작이었던 거예요.
그러면 과연 어떤 일들이 있었는지 자세히 알아볼까요?

루터, 95개조 반박문 발표	1517년
아스테카 제국의 파괴자, **코르테스** ①	1519~1521년
지구가 둥글다는 것을 증명한 **마젤란** ②	1519~1522년
잉카 제국을 멸망시킨 **피사로** ③	1530~1533년
영국의 종교 개혁	1534년
칼뱅의 종교 개혁	1536년
황금의 도시를 찾으려다 아마존 강을 탐험한 **오레야나** ④	1541~1542년
위그노 전쟁	1562~1598년
영국의 영웅, 에스파냐의 적, **드레이크** ⑤	1577~1580년, 1588년
일본, 전국 시대 통일	1590년
영국, 동인도 회사 설립	1600년
영국, 권리 청원 제출	1628년
후금, 청으로 국호를 고침	1636년
명 멸망, 청의 중국 정복	1644년
뉴질랜드를 발견한 **타스만** ⑥	1642~1644년
뉴턴, 만유인력의 법칙 발견	1666년
시베리아 북극해안을 누빈 베링 해협의 주인공, **베링** 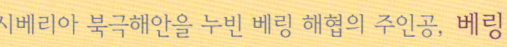 ⑦	1728년, 1741년
플라시 전투, 영국의 인도 지배 확립	1757년
프랑스의 루소, 사회 계약설 발표	1762년
태평양의 지도를 다시 그린 **제임스 쿡** ⑧	1768~1779년
노예가 된 아메리카와 아프리카의 원주민들	탐험 지식 플러스

1 아스테카 제국의 파괴자, 코르테스

1485~1547년

에르난 코르테스는 에스파냐의 귀족 출신으로, 중앙아메리카의 쿠바를 식민지로 만드는 일에 참여했어요. 그 뒤 그는 쿠바 수도의 시장으로 일하다가 새 식민지를 찾는 원정대를 이끌고 모험을 떠났지요. 어렸을 때부터 탐험과 황금을 꿈꾸었던 그에겐 당연한 일이었어요.

아스테카 제국의 정복을 위한 준비

1519년 2월, 코르테스는 배 11척, 말 16필, 병사 500여 명을 이끌고 유카탄 반도에 닿았어요. 유카탄 반도는 오늘날의 멕시코에 속하는 곳이에요. 그는 바닷가 마을의 원주민과 싸워 이겨 노예들을 얻게 됐어요. 그중 라 말린체라는 원주민 또는 아스테카의 귀족 여인을 통해 그곳의 상황에 대해 알아냈지요.

유카탄 반도에는 아스테카 제국이 있었어요. 아스테카 제국은 부유하고 수학, 천문학 등에 뛰어난 나라였지요. 특히 건축 기술이 남달랐어요. 아스테카인들은 호수 위의 섬에 나라의 수도를 세우고 수로와 제방 도로를 통해 그곳을 다른 도시와 연결했지요. 이렇게 건설된 튼튼한 도시가 '테노치티틀란'이었답니다.

코르테스는 테노치티틀란을 차지하기로 했어요. 하지만 무조건 쳐들어가서는 뜻을 이룰 수 없을 것 같았어요. 그래서 아스테카 제국과 사이가 좋지 않은 주변 도시 국가들을 끌어들여 함께 공격하자고 했지요.

> 난 1519년부터 1521년까지 아스테카 제국을 정복했어요.

이때 세계는?
독일의 루터가 1517년에 가톨릭의 부패를 비판했어요. 이러한 종교 개혁 움직임으로 신교가 생겨나게 되었어요.

아스테카 주변국의 왕, 라 말린체, 코르테스

이백 년 가까이 번성했던 제국의 몰락

코르테스는 흥미로운 사실을 하나 알게 되었어요. 아스테카 제국에 '케찰코아틀(날개달린 뱀 신)'이라는 신에 대한 전설이 있다는 것이었지요. 전설은 먼 옛날에 떠났던 그 신이 다시 돌아와 나라를 다스릴 것이라는 내용이었어요. 그런데 듣고 보니 신의 모습이 피부가 하얀 백인과 비슷했지요. 이에 더욱 용기를 얻은 코르테스는 드디어 아스테카 제국으로 갔어요.

아스테카인들은 말에 탄 채 총을 든 코르테스의 병사들을 보고 깜짝 놀랐어요. 아메리카 대륙에는 말도 총도 없었기 때문이에요. 그런데 전설 때문인지 두려움 때문인지 아스테카의 황제 목테수마 2세는 그들을 손님으로 맞았어요. 하지만 곧 수도를 빼앗기고 포로가 되고 말았지요.

몇 개월 뒤, 갑자기 황제가 죽자 분노한 아스테카인들이 반란을 일으켰어요. 맹렬한 공격에 코르테스는 부하들 대부분을 잃었지요. 하지만 그것은 아스테카인들이 거둔 유일한 승리였어요. 코르테스가 새로 병사들을 모아 1521년에 아스테카 제국 전체를 정복해 버렸거든요.

코르테스를 맞이하는 목테수마 2세

테노치티틀란의 신전을 파괴하는 코르테스

- 아스테카 제국의 영토
- 지금의 멕시코
- 코르테스의 이동 경로

에스파냐의 식민지가 된 중앙아메리카

코르테스는 테노치티틀란의 이름을 멕시코 시티로 바꾸고 그곳을 지배했어요. 그동안 그는 에스파냐 귀족들의 질투에 시달렸지요. 그는 다시 탐험에 나서 캘리포니아 만을 발견하기도 했지만, 나중에는 에스파냐로 돌아가서 죽었어요.

아스테카 제국을 멸망시킨 뒤, 에스파냐는 300여 년 동안 이 지역을 힘으로 다스렸어요. 수많은 아스테카인들이 죽고 금은처럼 귀중한 물건들은 모조리 에스파냐로 옮겨졌지요. 아스테카 제국의 후예들은 1800년대가 되어서야 비로소 독립해 오늘날의 멕시코를 세웠어요.

아스테카 제국의 금 장식품

코르테스는 에스파냐에게는 새로운 땅을 준 모험가였지만, 아스테카 제국의 후예들에게는 말로 표현 못 할 큰 고통을 준 정복자였답니다.

흥미진진 탐험 속 세계사

아스테카 제국의 또 다른 정복자, 천연두

에스파냐인들은 아메리카 대륙에 총과 말뿐만 아니라 천연두 바이러스도 들여왔어요. 이 병은 아즈테카인들에게 너무나 치명적이었지요. 1519년에서 1521년 사이에 테노치티틀란의 인구 20만 명 중 절반이 천연두로 죽었을 정도예요.

또 에스파냐인들은 홍역과 콜레라도 퍼뜨렸어요. 이런 감염병들은 불과 수십 년 만에 수백만 명에 이르는 아메리카 원주민들의 목숨을 앗아갔지요. 아스테카나 잉카 같은 대제국이 제대로 저항도 못하고 멸망한 건 이런 감염병 때문이기도 하답니다.

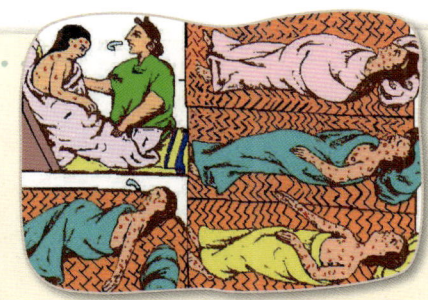
천연두로 죽어가는 아스테카인들

2 지구가 둥글다는 것을 증명한 마젤란

1480~1521년

포르투갈의 페르디난드 마젤란은 향신료 무역을 할 새로운 뱃길을 찾고 싶었어요. 아프리카를 빙 돌아가는 것이 아니라 아메리카 대륙 쪽으로 가려 한 거예요. 하지만 포르투갈의 마누엘 1세가 자기 계획에 관심이 없자 에스파냐로 건너왔지요.

향신료 제도로 가는 서쪽 바닷길을 찾아서

에스파냐의 카를로스 1세는 포르투갈이 인도에서 가져온 향신료로 많은 돈을 벌자 무지 배가 아팠어요. 그래서 서쪽에서 새 뱃길을 찾아 향신료 무역을 할 생각에서 마젤란을 돕기로 했지요.

1519년 9월 20일, 마젤란은 다섯 척의 배와 270여 명의 선원을 이끌고 나섰어요. 목적지는 말루쿠 제도였지요. 오늘날 인도네시아에 속하는 말루쿠 제도는 향신료의 일종인 정향과 육두구가 많이 났어요. 그래서 유럽인들에게는 향신료 제도라고 알려져 있었지요.

마젤란은 남아메리카를 돌아 서쪽으로 항해하면 금방 인도에 닿을 수 있으리라고 믿었어요. 하지만 남아메리카의 남쪽 끝에 닿는 데만도 열 달이나 걸렸지요. 힘든 항해가 계속되는 동안 반란이 일어나기도 했고, 배 한 척이 암초에 부서지기도 했어요. 심지어 에스파냐로 돌아가 버린 배도 있었지요.

> 난 1519년부터 항해를 하다가 1521년에 세상을 떠났어요. 남은 선원들이 1522년에 세계 일주를 끝마쳤지요.

이때 세계는?
1526년에 인도에서 이슬람을 믿는 무굴 제국이 세워졌어요. 무굴 제국은 1757년에 영국 식민지가 되어 1858년에 완전히 멸망했어요.

말루쿠 제도를 보여 주는 16세기 지도

마젤란 해협과 태평양에 이름을 붙이다

마젤란은 남아메리카 끝의 좁고 험한 해협에 닿아 38일 만에 간신히 그곳을 빠져나왔어요. 오늘날 그곳은 마젤란 해협이라고 불리고 있지요. 그의 배는 이제 유럽인은 한 번도 가로질러 본 적 없는 바다로 들어섰어요. 그는 예전에 지나온 곳과 달리 고요하고 넓은 그 바다에 '태평양'이라는 이름을 붙였답니다.

마젤란과 동료들은 2만 킬로미터에 이르는 바다를 항해하는 동안 괴혈병과 굶주림에 시달렸어요. 먹을 것이 없어 돛대에 씌운 가죽과 널빤지에서 나온 톱밥도 먹었어요. 쥐는 이미 다 잡아먹어 찾을 수도 없었지요.

1521년 3월, 마젤란은 지금의 괌 섬에 닿아 비로소 신선한 음식을 먹고 기운을 차렸어요. 그는 다시 항해를 하면서 태평양의 여러 섬에 에스파냐의 깃발을 꽂았지요. 그러나 4월 27일에 그는 갑자기 세상을 떠나고 말았어요. 필리핀 마크탄 섬의 부족과 전투를 벌이다 죽은 거예요. 그는 앞선 무기를 믿었지만, 마크탄 부족의 군대가 생각보다 너무 많았지요.

마젤란 해협을 향해 선 마젤란의 동상 : 칠레의 푼타아레나스

― 마젤란이 필리핀의 마크탄 섬까지 간 항로(1519~1521년)
― 나머지 선원들이 에스파냐로 돌아온 항로(1522년)

지구가 둥글다는 것을 증명한 항해

마젤란은 죽었지만 선원들은 항해를 멈추지 않고 인도양을 거쳐 희망봉을 돌아 1522년 9월에 마침내 에스파냐로 돌아왔어요. 3년이 넘는 시간 동안 태평양을 가로질러 세계 일주를 한 엄청난 항해를 마친 것이지요.

마젤란 항해에서 유일하게 돌아온 배, 빅토리아호

마젤란 탐험대는 처음 목적대로 말루쿠 제도로 가서 향신료를 싣고 왔어요. 하지만 돌아온 건 겨우 배 한 척에 탄 십여 명뿐이었지요. 선원들은 살아 있는 것이 기적처럼 보일 정도로 모두 지쳐 있었다고 해요. 국왕은 살아남은 선원의 대표에게 "너는 처음으로 나를 한 바퀴 돌았다."라고 적힌 지구 모양의 문장(가문을 상징하는 그림이나 문자)을 주며 그들의 업적을 기렸답니다.

마젤란이 이끈 항해는 힘들었지만 뜻깊었어요. 인류 역사상 최초의 세계 일주였고, 지구가 둥글다는 사실이 증명된 사건이기도 했지요. 한 방향으로 계속 나아가면 처음에 출발했던 곳으로 되돌아오게 된다는 주장이 옳다고 밝혀진 거예요. 또 태평양이 생각보다 훨씬 큰 바다라는 사실이 드러나기도 했어요. 그전까지 사람들은 바다가 육지보다 작다고 생각해 며칠만 항해하면 인도에 닿을 것이라고 믿고 있었지요.

또한 마젤란의 탐험 덕분에 마젤란 해협을 통해 태평양으로 나가는 바닷길이 열리게 되었어요. 그리고 에스파냐는 드디어 포르투갈을 따라잡을 계기를 마련하게 되었답니다.

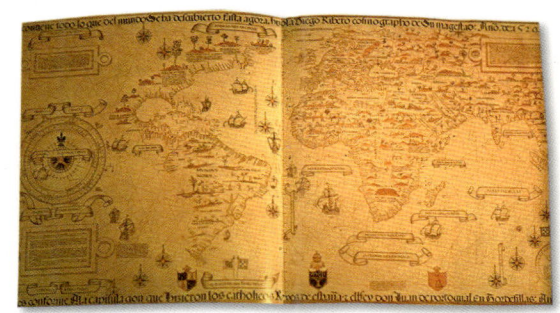

마젤란 항해의 영향을 받아 제작된 지도

3 잉카 제국을 멸망시킨 피사로

1475~1541년

에스파냐의 프란시스코 피사로는 어린 시절에 돼지 기르는 일을 했어요. 하지만 돼지치기에 만족하지 못하고 새로운 일을 찾아 아메리카 대륙으로 건너갔지요. 그 후 그는 1513년에 태평양을 발견한 탐험에 참가한 뒤에 에스파냐의 식민지인 파나마의 시장이 되었어요.

황금의 나라, 잉카 제국을 찾아 떠나다

피사로는 시장의 지위에도 만족하지 않았어요. 그래서 1524년, 황금으로 가득 찬 나라가 있다는 소문을 듣고 남아메리카로 떠났지요. 첫 번째 탐험은 실패였어요. 그런데 2년 뒤, 두 번째 탐험에서 먼저 남쪽으로 내려 보낸 부하들이 기쁜 소식을 갖고 돌아왔지요. 황금의 나라를 찾았다는 것이었어요. 바로 지금의 페루 지역에 있던 잉카 제국이었지요.

하지만 피사로의 탐험대 중에는 힘들고 지친 나머지 그만 집으로 돌아가려는 사람들이 많았어요. 그때 피사로가 나섰지요. 그는 칼로 땅에다 선을 긋고는, "부와 명예를 바라는 사람은 이 선을 넘어오라."라고 했어요. 그 말을 듣고 남은 사람들은 모두 열세 명이었지요. 피사로는 이들과 함께 탐험을 계속하다가 일단 파나마로 돌아왔어요. 잉카 제국으로 쳐들어가려면 좀 더 많은 부하들이 필요했기 때문이에요. 그래서 그는 에스파냐 왕실의 허락을 얻어 본격적으로 원정을 준비했어요.

> 난 1530년에 잉카 제국으로 떠나 1533년에 그곳에 식민지를 만들었어요.

이때 세계는?
영국의 헨리 8세가 1534년에 수장법을 발표하여 영국 국교회의 기초를 세웠어요. 영국 국교회는 교황이 아닌 영국 국왕을 우두머리로 해요. 스위스의 칼뱅도 1536년에 종교 개혁을 일으켰어요.

잉카 제국의 황금 장식품과 황금 목걸이

남아메리카를 지배하던 잉카 제국의 몰락

1531년 1월, 피사로는 말 30여 마리, 180명의 부하와 함께 잉카 제국에 닿았어요. 잉카인들은 그들의 숫자가 적은 것을 보고 별로 두려워하지 않았어요. 그래서 황제를 만나라고 쉽게 허락해 주었지요.

1532년 11월, 피사로는 카하마르카라는 곳에서 잉카의 황제 아타우알파를 만나기로 했어요. 그리고 약속 장소에 몰래 대포를 설치했지요. 다음날 그는 황제를 만나 크리스트교를 받아들이라고 했어요. 그러나 황제는 성경을 쓱 훑어보더니 바닥에 던져 버렸지요. 그러자 바로 사방에서 대포가 터지고 말에 탄 에스파냐 병사들이 총을 쏘아 댔어요. 대포와 총은 물론 말도 처음 본 잉카 사람들은 크게 놀라 뿔뿔이 흩어지고 말았답니다.

피사로는 황제를 사로잡고 커다란 방을 금으로 가득 채우면 놓아주겠다고 했어요. 황제는 온 나라에서 금, 은, 보석을 모아 몇 달에 걸쳐 방을 채웠지요. 하지만 피사로는 이듬해에 황제를 처형해 버렸어요.

피사로의 이동 경로
잉카 제국의 영토

피사로에게 사로잡히는 아타우알파

교수형을 당한 아타우알파의 장례식

에스파냐의 식민지가 된 남아메리카

피사로는 곧바로 잉카 제국의 수도인 쿠스코로 쳐들어갔어요. 그리고 그곳을 손쉽게 정복했지요. 1535년에는 리마라는 새로운 도시를 세워 식민지의 수도로 삼았어요. 그는 그 도시를 기지 삼아 잉카 제국 전체를 손에 넣는 데 힘썼지요. 그 뒤 그는 동료들과 권력과 황금을 놓고 싸움을 벌이다가 살해당했어요.

한편, 잉카인들은 산악 지역으로 옮겨가 에스파냐에 저항했어요. 하지만 1572년에 마지막 황제가 잡혀 처형당하면서 결국 완전히 멸망하고 말았지요. 안데스 산맥을 중심으로, 지금의 콜롬비아에서 페루, 칠레에 걸쳐 있던 대제국이 에스파냐에 완전히 넘어간 거예요.

피사로의 잉카 제국 정복은 에스파냐가 남아메리카 대부분을 식민지로 만들 수 있는 길을 열었어요.

리마에 있는 피사로의 동상

잉카 제국이 남긴 수수께끼, 마추픽추

잉카 제국의 도시 마추픽추는 1911년에 미국인 하이럼 빙엄에 의해 발견되었어요. 당시 마추픽추는 옛 모습을 그대로 간직하고 있었지요. 안데스 산맥의 깊은 산중에 있었던 까닭에 에스파냐인들로부터 안전하게 지켜진 거예요. 마추픽추에는 돌로 된 거대한 신전, 의식을 지내던 제단, 집과 밭 등이 가파른 계단으로 이어져 있어요. 이런 곳들을 통해 잉카인들의 생활이 어떠했는지 엿볼 수 있지요. 하지만 그곳 주민들이 왜 도시를 버리고 떠났는지는 여전히 아무도 알 수가 없답니다.

해발 2,430미터 높이에 위치한 마추픽추

4 황금의 도시를 찾으려다 아마존 강을 탐험한 오레야나

1511~1546년

프란시스코 데 오레야나는 남아메리카 대륙 깊은 곳으로 탐험을 떠났어요. 잉카 제국을 정복한 프란시스코 피사로가 황금의 도시를 찾으라고 했기 때문이에요. 에스파냐인들은 이미 엄청난 양의 황금을 손에 넣었지만, 어딘가에 더 숨겨져 있을지도 모를 잉카 제국의 황금을 탐냈지요.

황금의 도시, 엘도라도를 찾아서

당시 잉카 제국에는 황금 도시에 관한 전설들이 떠돌았어요. 그중 하나는 '파이티티' 이야기였지요. 잉카인들은 나라가 망한 뒤 깊은 숲으로 숨었어요. 그런데 그들이 황금을 가지고 파이티티라는 산속의 도시로 갔다는 거예요. 에스파냐를 물리칠 때를 기다리기 위해서 말이에요.

또 '엘도라도'에 대한 이야기도 있었어요. 엘도라도는 전설적인 원주민 추장의 이름을 딴 도시예요. 그 추장은 1년에 한 번씩 축제를 열어 신비한 의식을 치렀다고 해요. 온몸에 황금 가루를 바르고 춤을 추고 나서 그대로 강물에 뛰어드는 의식이었지요. 그러면 신하들이 황금으로 만든 물건들을 강물에 던졌대요. 이게 정말이라면 강물은 말 그대로 황금물이 되었겠지요.

피사로는 이 황금들이 욕심났어요. 그래서 1541년 2월에 동생인 곤살로 피사로를 대장으로 하는 탐험대를 출발시켰지요.

> 난 1541년부터 1542년까지 아마존 강 지역을 탐험했어요.

이때 세계는?
1555년에 독일에서 아우크스부르크 화의가 이루어져요. 이로써 루터파 신교가 인정받게 돼요.

엘도라도 추장의 의식을 상상한 그림

신화 속 부족의 이름을 강에 붙이다

곤살로 피사로는 안데스 산맥을 넘어 몇 달 동안 밀림을 헤매다가 강에 이르렀어요. 아마존 강 상류의 한 갈래인 지금의 나포 강이었지요. 그 사이 식량은 바닥이 났고 대원들은 몹시 지쳤어요. 그래서 피사로는 믿을 만한 부하를 시켜 숲 속을 살피고 식량도 구해 오라고 했지요.

이렇게 해서 1541년 12월, 오레야나는 대원 오십 명을 데리고 탐험에 나섰어요. 하지만 곧 식량도 못 찾고 되돌아가기도 어려운 지경에 이르렀지요. 그러자 기왕 이렇게 된 거 아예 강 끝까지 가 보자는 생각이 들었어요. 그렇게 강을 따라가던 어느 날, 그는 원주민들의 공격을 받게 되었지요. 그런데 놀랍게도 활을 쏘는 사람들이 모두 여자였어요.

오레야나는 간신히 원주민들의 화살을 피해 달아났어요. 그런데 위험에서 벗어나자 그의 머릿속에는 그리스 신화 속의 아마존 부족이 떠올랐지요. 아마존 부족은 용감하고 활을 잘 쏘는 여전사들이에요. 그는 어쩌면 자기가 그 부족을 만난 것인지도 모른다고 생각했어요. 그래서 자기가 탐험했던 강을 아마존 강이라고 부르기로 했답니다.

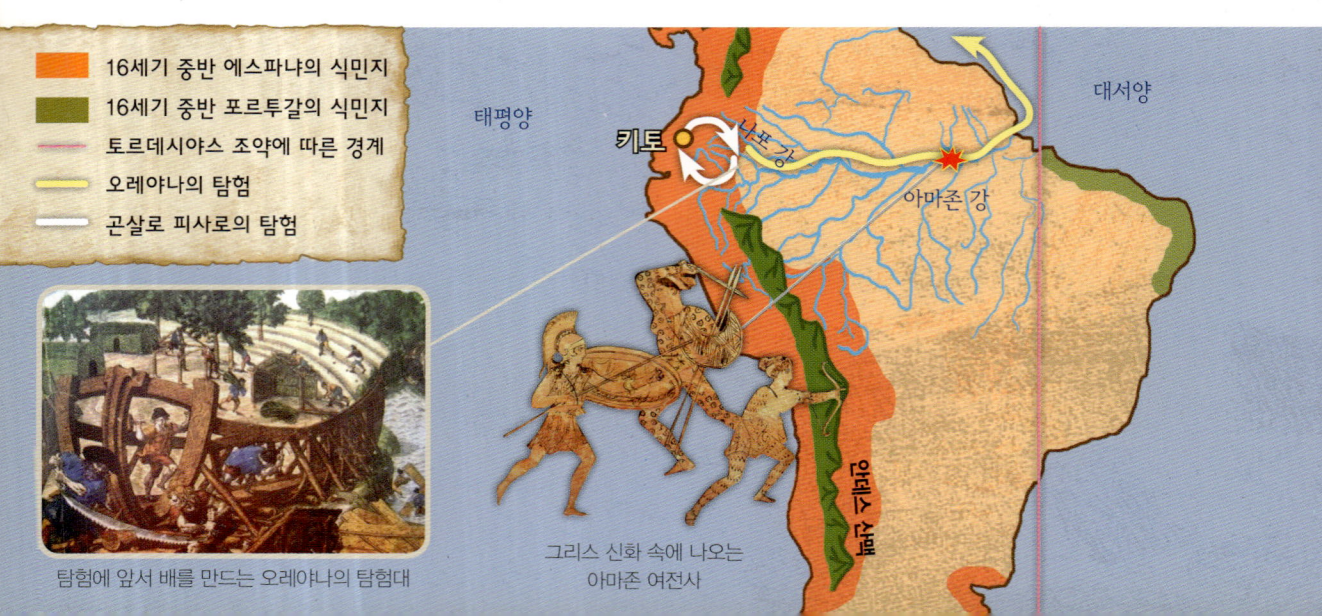

■ 16세기 중반 에스파냐의 식민지
■ 16세기 중반 포르투갈의 식민지
― 토르데시야스 조약에 따른 경계
― 오레야나의 탐험
― 곤살로 피사로의 탐험

탐험에 앞서 배를 만드는 오레야나의 탐험대

그리스 신화 속에 나오는 아마존 여전사

세계에서 가장 긴 강의 탐험을 마치다

오레야나는 1542년 8월에 마침내 대서양으로 빠져나왔어요. 갖은 고생 끝에 역사상 최초로 아마존 강을 탐험한 거예요. 그가 탐험한 거리는 무려 5,860킬로미터나 되었답니다. 그동안 곤살로 피사로와 남은 대원들은 가죽신의 밑창까지 뜯어 먹으며 겨우 집으로 돌아갔지요.

오레야나의 이야기는 에스파냐의 왕 카를로스 1세의 귀에까지 들어갔어요. 오레야나는 카를로스 1세를 만나 아마존 강 근처를 탐사하고 개발할 수 있는 권한을 달라고 청했지요. 하지만 왕은 곧바로 답을 주지 못했어요. 그곳은 토르데시야스 조약에 따라 포르투갈과 나눠 가져야 하는 땅이었기 때문이에요. 하지만 오랜 기다림 끝에 오레야나는 드디어 허락을 받아 냈어요.

브라질 아마존 강 유역 원주민들의 생활

1545년 5월, 오레야나는 다시 탐험에 나섰어요. 지난번 탐험은 안데스 산맥에서 강줄기를 따라 대서양으로 나오며 이루어졌지요. 하지만 그는 이번엔 대서양에서 아마존 강으로 들어가 상류로 오르기로 했어요. 하지만 이것은 큰 실수였어요. 도저히 전에 왔던 길을 찾을 수가 없었던 거예요. 그 와중에 원주민들까지 공격을 해 댔어요. 결국 그는 아마존 강어귀에서 큰 파도에 휩쓸려 죽었다고 해요.

오레야나의 탐험은 미지의 땅이던 아마존 강 유역을 유럽에 알렸어요. 그 결과, 당시 브라질 지역에서 번성하던 원주민들의 마을은 유럽인들이 몰고 온 감염병으로 사라지고 말았답니다.

포르투갈의 브라질 오지 개척단

5 영국의 영웅, 에스파냐의 적, 드레이크

1540~1596년

1577년 12월, 영국 잉글랜드의 항해가 프랜시스 드레이크는 마젤란 해협 너머 지역을 탐사하기 위해 떠났어요. 영국의 여왕 엘리자베스 1세로부터 에스파냐의 식민지들을 공격해도 좋다는 허락까지 받았지요. 당시 영국과 에스파냐는 사이가 무척 안 좋았어요. 일찍이 바다로 나선 에스파냐는 남아메리카 대부분을 차지하고 있었지요. 그런데도 영국이 새로운 땅을 발견하는 데 나서지 못하게 했던 거예요.

마젤란 해협을 넘어 태평양으로

드레이크는 궂은 날씨를 이겨 내고 1578년 8월에 마젤란 해협에 들어섰어요. 해협을 빠져나오는 데는 보름이 넘게 걸렸지요. 그런데 태평양에 들어서자 엄청난 폭풍우가 몰아쳐 그가 탄 배가 일행과 떨어졌어요. 일행은 그가 죽은 줄 알고 영국으로 돌아가 버렸어요.

운이 좋게도 무사했던 드레이크는 이제 에스파냐 몰래 남아메리카의 해안선을 따라 올라갔어요. 그리고 에스파냐 상인들의 배를 공격하기 시작했지요. 에스파냐 상인들은 생각지도 못한 공격에 손쓸 틈도 없이 당할 뿐이었어요. 남아메리카 대륙 앞바다를 떠날 무렵, 그의 배에는 에스파냐의 배에서 빼앗은 엄청난 양의 금은과 값비싼 보석들이 가득 실려 있었지요.

> 난 1577년부터 1580년까지 바닷길로 지구를 한 바퀴 돌았어요. 1588년에는 에스파냐의 무적함대를 쳐부쉈지요.

이때 세계는?
네덜란드가 에스파냐 왕국에 맞서 독립 전쟁을 벌이고 있었어요. 네덜란드는 1568년부터 전쟁을 시작해 1648년 베스트팔렌 조약에서 독립을 인정받았어요.

태평양 연안을 항해하는 드레이크의 골든 하인드호

세계 일주를 끝마친 최초의 선장이 되다

드레이크는 북아메리카 서부 해안을 지나고 필리핀과 희망봉을 거쳐 1580년에 무사히 영국으로 돌아왔어요. 이로써 그는 바닷길로 세계를 한 바퀴 돈 최초의 선장이 되었답니다. 마젤란의 탐험대가 세계 일주를 하기는 했지만, 정작 선장이었던 마젤란은 항해 도중에 죽었지요. 엘리자베스 1세는 크게 기뻐하며 드레이크에게 기사의 작위를 내렸어요.

5년 뒤, 영국과 에스파냐 사이에 전쟁이 벌어졌어요. 에스파냐의 식민지인 네덜란드가 반란을 일으켰는데, 영국이 이를 도왔기 때문이에요. 엘리자베스 1세는 드레이크를 함대의 지휘관으로 임명했어요. 드레이크는 서인도 제도를 비롯해 지금의 콜롬비아와 미국의 플로리다까지 공격했지요.

에스파냐의 펠리페 2세는 식민지가 공격받자 화가 나서 보복을 준비했어요. 하지만 1587년, 드레이크가 먼저 에스파냐의 함대가 모여 있던 카디스에 갑작스런 공격을 퍼부었어요. 설마 여기까지 쳐들어오랴 생각하고 마음 놓고 있던 에스파냐는 크게 지고 말았지요.

엘리자베스 1세로부터 기사 작위를 받는 드레이크

에스파냐의 무적함대와 싸워 이기다

에스파냐의 펠리페 2세는 자존심이 크게 상했어요. 바다를 주름잡던 최강대국 에스파냐가 당시 별볼일 없던 영국한테 졌으니까요. 그래서 그는 1588년, 한 번도 져 본 적이 없다는 '무적함대'를 영국으로 보냈어요.

드레이크는 이번에는 부지휘관으로서 배에 올랐어요. 영국 군인들은 긴장했지만, 그가 나서서 적의 배를 무찌르자 금방 사기가 올라갔지요. 영국이 쏘는 대포도 에스파냐의 것보다 훨씬 멀리 나갔어요.

불길에 휩싸인 에스파냐의 무적함대

무적함대는 일단 프랑스의 칼레로 가서 다시 싸울 준비를 하기로 했지요. 그런데 드레이크가 거기까지 쫓아가 무적함대에 불을 질렀어요. 마침 바람마저 거세게 불어 그 피해는 아주 컸지요. 다음날, 무적함대는 다시 전투에 나섰다가 크나큰 패배를 당하고 말았어요. 이때 무적함대의 함선 130여 척 중 에스파냐로 돌아간 것은 겨우 60여 척이라고 해요.

이 싸움 뒤 에스파냐는 힘을 잃었고, 영국은 새로운 바다의 강대국으로 떠올랐어요. 이 틈에 네덜란드도 에스파냐로부터 사실상 독립을 하게 되었지요. 전쟁이 끝난 뒤 드레이크는 인기가 하늘로 치솟았어요. 그는 1596년에 서인도 제도의 에스파냐 땅을 공격하다가 이질(배가 아프고 설사를 하는 감염병)에 걸려 죽음을 맞았다고 해요.

에스파냐가 보기에 드레이크는 자기들 땅에 침입해 이것저것 훔쳐 가는 해적일 뿐이었어요. 하지만 영국에서는 위대한 해군 제독이자 바다의 영웅이었답니다.

죽음을 맞아 파나마 바다에
수장되는 드레이크

6 뉴질랜드를 발견한
타스만

1603~1659년

아벨 타스만은 네덜란드 동인도 회사의 직원이었어요. 동인도 회사는 네덜란드 최고의 회사로, 바타비아에 근거지를 두고 일본, 중국 등과 교역을 해 막대한 이익을 누렸지요. 그런데 동인도 회사의 총독이 타스만에게 향신료나 황금이 나는 새로운 지역을 찾는 임무를 맡겼어요.

새로운 땅을 찾아 남쪽 바다로

네덜란드는 에스파냐의 지배를 받다가 독립한 나라여서 다른 나라에 비해 늦게 식민지 개발 경쟁에 뛰어들었어요. 그런데도 성과는 좋았지요. 그들은 전투 능력이 뛰어난 함대를 동원해 향신료가 많이 생산되는 자와 섬의 바타비아를 차지했어요. 그리고 포르투갈과 영국의 도전을 잇따라 물리치고 동양과 무역을 가장 활발히 하는 나라가 되었지요.

타스만은 1639년에 '금과 은의 섬'을 찾으라는 총독의 명령을 받고 남쪽으로 항해를 떠났어요. 그는 포르모사(지금의 타이완)와 일본을 지나 근처의 수많은 작은 섬들을 발견했어요. 하지만 그 섬들이 크게 쓸모 있는 땅이 아니어서 약간 실망했지요. 그 뒤 그는 다시 한번 탐험에 나서게 되었어요. 그가 항해에 재능이 있다는 것을 확인한 총독이 이번에는 좀 더 남쪽으로 가서 새로운 땅을 찾아 보라고 한 거예요.

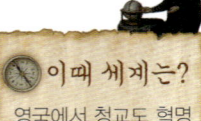

난 1642년부터 1644년 사이에 뉴질랜드를 발견하고 오스트레일리아 북쪽 바다를 탐험했어요.

이때 세계는?
영국에서 청교도 혁명(1642~1649년)이 일어나고 있었어요. 청교도는 칼뱅파 신교를 믿는 사람들을 말해요.

17세기 바타비아의 네덜란드 요새

남태평양에서 뉴질랜드를 발견하다

1642년, 타스만은 바타비아를 출발했어요. 그리고 석 달 뒤 한 섬을 발견했지요. 그는 총독의 이름 반 디멘을 따 그곳을 반디멘스랜드라고 부르기로 했어요. 오늘날 그곳은 오스트레일리아의 땅으로, 태즈메이니아라고 불려요. 후세 사람들이 발견자인 타스만의 이름을 붙여준 거예요.

타스만은 항해를 계속하여 뉴질랜드를 발견하고 뉴질랜드의 남섬과 북섬 사이를 지났어요. 그리고 통가, 피지, 뉴기니 섬까지 발견하고 돌아왔지요. 하지만 총독은 그다지 기뻐하지 않았어요. 그가 발견한 새로운 섬들에서는 별로 이익을 내지 못할 거라고 생각했기 때문이에요.

1644년에 타스만은 탐험을 위해 또 바다로 나섰어요. 이번에는 오스트레일리아와 뉴기니 사이로 가 보기로 했지요. 그는 오스트레일리아 북쪽 바다를 한 바퀴 돌았어요. 부하들을 시켜 그곳 해안가의 땅 모양과 원주민들에 대한 기록을 남기기도 했답니다.

제대로 인정받지 못했던 위대한 탐험가

그래도 후손들은 날 알아 주니 뭐……

타스만은 끝내 황금과 향신료가 나는 땅을 찾지 못했어요. 하지만 그 뒤로도 쭉 항해와 관련된 삶을 살았지요. 1647년에는 시암(타이)으로 가는 무역선을 지휘했고, 1648년에는 필리핀에서 에스파냐 함대와 전투를 벌이기도 했어요. 그는 평생 동인도 회사를 위해 일했어요. 그리고 자기가 젊음을 바쳤던 바타비아에서 병으로 죽었답니다.

뉴질랜드의 아벨 타스만 국립 공원

타스만은 살아서는 굉장히 운이 없는 사람이었어요. 네덜란드가 돈이 되는 향신료와 황금만 따져서 그가 찾은 지역에는 전혀 신경을 쓰지 않았거든요. 그래서 그가 발견한 뉴질랜드는 나중에 오스트레일리아와 함께 영국의 식민지가 되었지요.

타스만은 당시에는 푸대접을 받았지만 오늘날에는 매우 높이 평가받고 있어요. 그는 수많은 섬을 발견했고, 처음으로 오스트레일리아와 뉴질랜드 주변 바다를 한 바퀴 돈 위대한 탐험가이니까요.

흥미진진 탐험 속 세계사

영국과 프랑스에도 동인도 회사가 있었다고요?

동인도 회사란 네덜란드, 영국, 프랑스가 17세기 초에 세웠던 회사를 일컬어요. 동남아시아와 인도에서 무역을 독차지하려는 것이 설립 목적이었지요. 이들은 후추, 커피, 면직물 등 현지 특산품을 사고 파는 권리를 차지하기 위해 서로 치열하게 다퉜어요.
네덜란드의 동인도 회사는 자와 섬, 영국과 프랑스의 동인도 회사는 각각 인도와 인도차이나 반도를 중심으로 활동했지요. 이들은 무역만 한 게 아니라, 군사력까지 갖추고 동남아시아와 인도를 식민지로 만드는 데 앞장섰답니다.

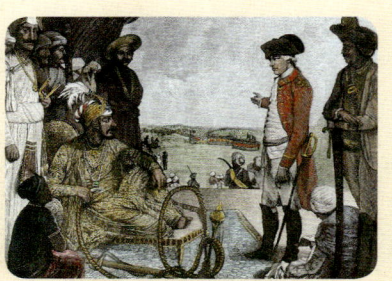
영국 동인도 회사의 군대를 보고 있는 인도 무굴 제국의 황제

7 시베리아 북극해안을 누빈 베링 해협의 주인공, 베링

1681~1741년

비투스 요나센 베링은 덴마크에서 태어났지만 러시아의 해군에서 일했어요. 1724년에는 러시아 표트르 대제의 명령으로 탐험대를 이끌게 되었지요. 아시아와 북아메리카가 붙어 있는지 떨어져 있는지를 알아오는 것이 임무였어요. 표트르 대제는 북아메리카의 땅을 차지하고 싶었기 때문에 그 지역에 대한 정보가 필요했던 거예요.

아시아와 북아메리카 사이를 항해하다

베링은 탐험을 위해 먼저 필요한 장비를 상트페테르부르크(당시 러시아의 수도)에서 캄차카 반도로 옮겼어요. 러시아의 서쪽 끝에서 동쪽 끝의 땅으로 이동한 거예요. 거리가 9,000킬로미터에 이르는 시베리아를 가로지르는 일은 쉽지 않았어요. 캄차카 반도의 오호츠크 해 연안에 탐험 기지를 꾸리는 데만도 몇 년이 걸렸지요.

1728년, 베링은 43명의 대원을 이끌고 본격적인 탐험에 나섰어요. 그리고 해안선을 따라 한 달쯤 항해하여 마침내 아시아 대륙 동쪽 끝에 닿았지요. 눈앞에는 오직 바다만이 펼쳐져 있었어요. 그러니까 아시아와 북아메리카 대륙은 서로 떨어져 있었던 거예요. 그는 이를 확인한 뒤에도 계속 가 보기로 했어요. 두 대륙 사이가 얼마나 되는지 궁금했거든요. 그런데 짙은 안개가 앞을 가로막아 아쉽게도 배를 돌려야 했지요.

> 나는 1728년에 북극해까지 갔어요. 1741년에는 그 너머에 땅이 있는지 알아보기 위해 항해했지요.

이때 세계는?
중국은 청나라 시대였어요. 청나라는 만주족을 통일하고 1636년에 세워져 1912년까지 이어졌어요. 그리고 그 뒤 중화민국이 들어섰어요.

18세기 중반 캄차카 반도의 풍경

목숨과 바꾼 알래스카의 발견

1733년에 베링은 다시 러시아 황실의 부름을 받았어요. 당시는 안나 여제(여자 황제)가 다스릴 때였지요. 이번에는 북아메리카 해안을 둘러보는 임무가 주어졌어요. 지난번보다 훨씬 규모가 큰 탐험이었지요. 그는 캄차카 반도에 기지를 세우고 배를 만들며 탐험 준비를 했어요.

1741년, 드디어 베링이 두 척의 배를 이끌고 탐험에 나섰어요. 항해를 하다가 알류산 열도 등 새로운 섬 몇 개를 발견하기도 했지요. 열도란 활 모양으로 늘어서 있는 섬들을 말해요. 그런데 일주일쯤 뒤에 폭풍우를 만나 그의 배는 일행과 떨어졌어요.

그사이 베링은 바다를 떠돌다가 알래스카를 발견했어요. 하지만 다섯 달을 떠돌던 배가 또다시 몰아친 폭풍우에 부서졌지요. 간신히 한 섬에 닿았지만, 북극의 칼바람이 계속 부는 데다 식량도 부족했어요. 안타깝게도 그는 결국 괴혈병으로 12월에 세상을 떠나고 말았지요.

미지의 알래스카를 유럽에 알린 탐험

베링이 세상을 떠난 뒤, 남은 선원들은 1742년 8월에 캄차카의 기지로 돌아왔어요. 섬에서 다음해 봄이 지날 때까지 버텼던 거예요. 기지에는 전에 헤어졌던 동료들이 먼저 와 그들을 기다리고 있었지요.

소련에서 발행한 알래스카 발견 기념 우표

사람들은 죽은 베링을 잊지 않았어요. 그래서 그가 세상을 떠난 섬을 베링 섬이라고 부르기로 했지요. 또 훗날 유명한 항해가 제임스 쿡 선장은 베링이 항해했던 아시아와 북아메리카 사이의 좁은 바다에 베링 해협이라는 이름을 붙였어요. 베링 해협은 오늘날 북극해와 태평양을 잇는 통로이자, 아시아와 북아메리카 대륙을 이어 주는 중요한 교통로 역할을 한답니다.

흥미진진 탐험 속 세계사

헐값에 팔린 보물단지, 알래스카

베링의 발견 덕에 알래스카를 차지했던 러시아는 1867년에 안타까운 실수를 하고 말아요. 나라 살림이 어려워지자 알래스카를 미국에 팔아 버린 거예요. 미국은 720만 달러를 주고 153만 제곱킬로미터가 넘는 땅을 샀어요. 이것은 우리 한반도의 일곱 배나 되는 크기지요. 그래도 당시 미국 국민들은 너무 비싸게 샀다며 정부를 나무랐어요. 하지만 얼마 뒤에 알래스카에서 엄청난 양의 석유와 지하자원이 발견되자 비난은 쏙 들어갔답니다.

19세기 초 알래스카에서 활동하던 러시아인들

8 태평양의 지도를 다시 그린 제임스 쿡

1728~1779년

1768년 8월, 영국의 해군 대위 제임스 쿡이 이끄는 배 한 척이 남태평양의 타히티 섬으로 향했어요. 이 배에는 선원들 말고도 과학자들과 화가들이 타고 있었지요. 탐사의 목적은 남태평양에서 금성을 관측하는 것이었어요. 과학자들이 천문 현상을 관측하면 화가들이 기록으로 남기려고 한 거예요.

난 1768년부터 1779년까지 태평양을 누비며 새로운 섬들을 발견했어요.

이때 세계는?
미국이 영국에 맞서 독립 전쟁(1775~1783년)을 벌이고 있었어요. 미국은 전쟁에 이겨 독립국이 되었지요.

미지의 남쪽 대륙을 찾아라

바닷길을 잘 아는 쿡은 금성 관측을 성공적으로 끝냈어요. 하지만 그에게는 임무가 하나 더 있었어요. 남쪽에 있다고 알려진 미지의 대륙을 찾는 것이었지요. 당시 사람들은 지구의 남쪽 끝에 아직 알려지지 않은 대륙이 있을 거라고 믿었어요. 북쪽에 큰 대륙들이 있으니 그래야 균형이 맞는다고 생각한 거예요. 그러니까 그의 임무는 황금이나 향신료를 찾는 것이 아니라 미지의 땅에 대한 수수께끼를 푸는 것이었어요.

쿡은 남쪽으로 오래 항해한 끝에 뉴질랜드가 두 개의 섬으로 이루어져 있음을 밝혔어요. 1770년에는 오스트레일리아의 동해안에 도착해 그곳을 영국 땅으로 선포하고 여러 가지 동식물 표본을 모았지요. 캥거루는 이때 그가 발견한 동물 중 하나예요. 하지만 그는 미지의 남쪽 대륙은 끝내 못 찾고 1771년 7월에 영국으로 돌아왔답니다.

배에 주머니가?! 그 동물 이름이 뭐요?

내 이름이 몰라야? 제대로 가르쳐 줘.

캥거루 (몰라잉)

남극해를 항해한 최초의 탐험가

1772년, 쿡은 배 두 척에 과학 장비들을 싣고 과학자들과 함께 두 번째 탐사를 떠났어요. 미지의 남쪽 대륙을 찾으러 다시 나선 거예요. 그는 이듬해 1월에 처음으로 남극권(남위 66.5도)을 넘어섰어요. 하지만 생전 처음 보는 거대한 빙산이 앞을 가로막고 얼음덩어리가 사방에서 밀려오자 아쉽지만 뉴질랜드에 가서 기운을 차리기로 했지요.

그동안 다른 배는 쿡의 배와 헤어졌다 영국으로 돌아가 버렸어요. 그래도 쿡은 다시 남극권으로 갔어요. 하지만 또 바닷물 위를 떠다니는 얼음덩어리들만 보았을 뿐 대륙을 찾지는 못했어요. 남극의 매서운 추위 때문이었지요.

사람들은 미지의 남쪽 대륙이 따뜻하고 살기 좋은 곳이리라 기대했어요. 그러나 쿡은 정반대의 결론을 내릴 수밖에 없었어요. 더 남쪽에 대륙이 있다 해도 그저 춥고 얼음으로 뒤덮인 땅이 분명했지요. 그는 이 사실만을 확인하고 1775년에 영국으로 돌아왔어요. 도중에 누벨칼레도니(뉴칼레도니아) 섬을 발견하고 이스터 섬과 통가 섬의 지도를 만들기도 했지요.

북극해 탐험과 태평양 지도의 완성

1776년, 쿡은 북서 항로를 찾기 위해 탐사를 떠났어요. 북서 항로란 대서양에서 북극해를 통해 태평양으로 가는 뱃길이에요. 그는 대서양을 지나 북극해에 들어섰지만, 또 빙산 때문에 배를 돌려야 했어요.

1779년 2월, 쿡은 1년 전쯤에 자기가 발견한 샌드위치 제도(지금의 하와이 제도)로 갔어요. 잠시 쉬었다가 다시 도전하려던 거예요. 하지만 그는 그곳에서 자기네 작은 배를 훔치던 원주민들과 싸우다가 그만 목숨을 잃고 말았지요.

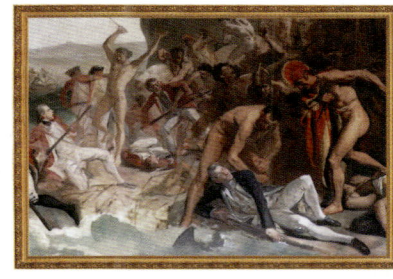

하와이 케알라케쿠아 만에서 죽음을 맞은 쿡

쿡은 30만 킬로미터가 넘는 바다를 누볐어요. 그리고 태평양에 있는 수많은 섬의 위치와 이름을 알렸지요. 그의 탐험 덕분에 오늘날과 거의 똑같은 태평양 지도가 완성될 수 있었답니다.

흥미진진 탐험 속 세계사

괴혈병을 이긴 쿡 선장의 지혜!

오랜 항해 중에는 괴혈병으로 죽는 선원들이 많았어요. 하지만 쿡 선장의 배에는 괴혈병에 걸리는 선원이 하나도 없었지요. 그는 선원들에게 수시로 소금에 절인 양배추와 과일을 먹게 했어요. 또 육지에 닿으면 곧바로 신선한 음식부터 먹게 했지요. 이렇게 해서 비타민 C 부족으로 생기는 괴혈병을 막을 수 있었던 거예요. 그는 괴혈병 치료에 공헌한 것을 인정받아 영국 왕립 학회가 주는 상을 받았답니다.

참, 괴혈병과 비타민 C와의 관계를 밝힌 사람은 쿡 선장과 같은 시대를 살았던 해군 병원의 의사 제임스 린드랍니다.

제임스 린드
(1716~1794년)

탐험 지식 플러스

노예가 된 아메리카와 아프리카의 원주민들

유럽인들은 아메리카에 닿은 일을 '신대륙 발견'이라고 하지요. 하지만 이것은 순전히 유럽인들의 입맛에 맞는 표현이랍니다. 사실 아메리카 대륙에는 그 훨씬 전부터 원주민들이 살고 있었어요. 이들은 유럽인들보다 앞선 무기만 없었을 뿐, 이미 수준 높은 문명을 이루고 있었지요.

금 캐는 노예가 된 아메리카 원주민

아메리카 원주민들의 문명은 유럽인들의 침략으로 처참하게 파괴되었어요. 에스파냐와 포르투갈은 원래 자기네 나라들보다 훨씬 넓은 아메리카의 땅을 식민지로 삼았지요. 그리고 원주민들을 부려 금은을 캐서 유럽으로 가져갔어요. 포르투갈이 1720년 한 해 동안 브라질 지역에서 빼앗아 간 금만 해도 25,000킬로그램에 이르러요.
아메리카 원주민들은 오래지 않아 떼죽음을 당했어요. 유럽인들에게서 천연두, 홍역, 티푸스 같은 감염병에 옮았기 때문이에요. 아메리카에는 원래 이런 병들이 없었기 때문에 원주민들에게는 면역력이 전혀 없었던 거예요.

아메리카 원주민을 마구 착취한 유럽 정복자들

플랜테이션 농장과 대서양 삼각 무역

유럽인들은 아메리카 식민지에서 원주민들을 시켜 농사를 지었어요. 보통 사탕수수, 커피, 면화, 담배 등을 큰 규모로 길렀지요. 이런 농장을 플랜테이션 농장이라고 해요. 그런데 감염병으로 농장의 일손이 부족해지자, 다음과 같은 삼각 무역이 이루어지게 되었지요.
먼저 유럽의 노예 상인들이 아프리카 서부 해안으로 가요. 직접 노예를 사냥하거나 그곳 추장들한테 사기 위해서예요. 다른 부족을 잡아서 총, 면포, 술 등을 받고 팔아넘기는 아프리카 부족들이 있었거든요. 그다음 노예 상인들은 아메리카의 플랜테이션 농장에 노예들을 넘겼어요. 그리고 노예들을 판 돈으로 농작물을 사서 유럽으로 돌아왔지요. 삼각 무역으로 노예 상인들은 큰돈을 벌었어요. 운이 좋으면 들인 돈의 세 배에서 다섯 배까지도 챙길 수 있었지요.

대서양 중심의 삼각 무역

아메리카로 끌려간 아프리카 원주민들

유럽인들은 아프리카 원주민들을 한 번에 많이 실어 나르려고 했어요. 그래야 더 많은 돈을 벌 수 있으니까요. 원주민들을 가득 실은 노예선은 환경이 아주 안 좋았어요. 원주민들은 좁고 더러운 곳에서 지내야 했지요. 한 사람에게 주어진 자리의 폭이 50센티미터가 못 될 정도였어요. 아메리카 대륙까지 길게는 석 달까지 걸렸어요. 그동안 원주민들은 여섯 중 하나꼴로 목숨을 잃었지요. 노예 무역이 가장 심하게 이루어졌던 18세기에 아메리카 대륙에 끌려간 아프리카 원주민은 한 해에 8만여 명이나 되었어요.

누울 자리도 없이 비좁은 노예선

식민지와 노예의 눈물로 부강해진 유럽

플랜테이션 농장으로 간 아프리카 노예들은 뜨거운 태양 아래서 온종일 고된 일을 해야 했어요. 허리라도 한 번 펴면 여지없이 채찍질을 당했지요. 그들은 가축이나 살만 한 허름한 오두막에서 잠을 자고 하루에 겨우 한두 끼를 먹었어요.

노예 무역이 이루어졌던 16세기에서 19세기 사이에 노예선이 실어 나른 아프리카 원주민은 1,500만에서 4,000만 명에 달했어요. 이들을 짓밟고 서유럽과 미국은 큰 돈을 벌었지요. 그리고 그 돈은 기술과 산업을 발전시키는 원동력이 되었어요.

오늘날 서유럽 나라들과 미국은 세계에서 손꼽히는 선진국이에요. 하지만 그들의 역사에는 이렇게 인간이 인간을 모질게 학대한 슬픈 이야기가 숨겨져 있답니다.

매질을 당하는 브라질 농장의 흑인 노예

미국 담배 농장의 흑인 노예들

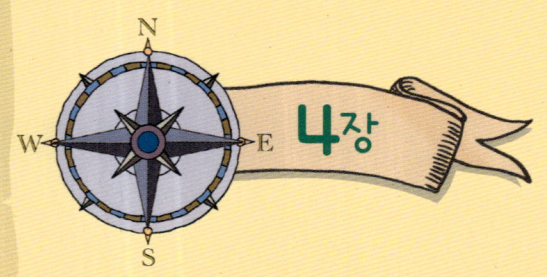

4장
지식 탐구를 위해 떠나다

유럽 여러 나라의 탐험은 향신료 무역을 위해
새로운 바닷길을 찾는 데서 시작되었어요.
그리고 곧 황금을 캐고 작물을 재배할
새로운 식민지를 찾기 위한 경쟁으로 바뀌었지요.
하지만 모두 이런 이유로 탐험을 한 것은 아니에요.
순수하게 지식을 쌓고 학문을 탐구하기 위해
위험을 무릅쓰고 먼 길을 나섰던 사람들도 있답니다.
그럼 누가 어디로 무엇을 하러 갔는지 함께 알아보아요.

와트, 증기기관 개량	1765년
미국, 독립 선언	1776년
프랑스 혁명, 인권 선언	1789년
빈 회의	1814~1815년
멕시코, 에스파냐로부터 독립	1821년

학술 탐험의 선구자, **훔볼트** ① 1799~1804년, 1829년

탐사 여행의 결과로 세계를 뒤흔든 **다윈** ② 1831~1836년

영국, 차티스트 운동	1838~1848년
제1차 아편 전쟁	1840~1842년

아프리카를 횡단한 **리빙스턴** ③ 1841~1873년

크림 전쟁	1853~1856년
애로호 사건	1856년
인도, 세포이의 항쟁	1857~1858년
인도, 무굴 제국 멸망	1858년

앙코르 와트를 유럽에 알린 **앙리 무오** ④ 1858~1861년

미국, 남북 전쟁	1861~1865년
링컨, 노예 해방 선언	1863년
일본, 메이지 유신	1868년
프로이센·프랑스 전쟁	1870~1871년

트로이 전쟁의 신화를 역사로 만든 **슐리만** ⑤ 1871~1890년

독일 통일	1871년

바다의 비밀을 캐낸 **챌린저호**  ⑥ 1872~1876년

지도는 어떻게 읽어야 하나요? 탐험 지식 플러스

1 학술 탐험의 선구자, 훔볼트

1769~1859년

알렉산더 폰 훔볼트는 독일의 자연 과학자이자 지리학자예요. 그는 광물학과 지질학을 공부하고 나라의 광산을 관리하는 일을 했어요. 하지만 과학 탐사에 뜻을 둔 뒤에는 일을 그만두고 기상학이나 측정법 같은 학문을 탐구했지요. 그는 아메리카 대륙을 탐사하고 싶어했어요.

> 난 1799년부터 1804년까지 아메리카 대륙을 탐사했어요. 또 1829년에 시베리아를 탐사했지요.

이때 세계는?
오스트리아, 독일 등의 동맹국과 프랑스 사이에 혁명 전쟁이 벌어지고 있었어요. 이 전쟁은 1789년에 있었던 프랑스 혁명 때문에 일어났어요.

중남미 지역 탐사를 위해 떠나다

훔볼트의 꿈은 쉽게 이뤄지지 않았어요. 탐사 계획은 전쟁으로 물거품이 되거나 돈이 모자라 취소되기도 했지요. 또 중앙아메리카와 남아메리카 지역 대부분을 지배하던 에스파냐도 쉽게 탐사 허가를 내주지 않았어요. 그런데 훔볼트가 어머니로부터 큰 재산을 물려받게 되었어요. 그는 그 돈으로 봉플랑과 탐험을 떠나기로 했지요. 봉플랑은 그의 친구이자 프랑스의 식물학자였어요. 에스파냐도 마침내 탐사 여행을 허락했지요.

1799년, 훔볼트와 봉플랑은 남아메리카로 가서 가장 먼저 오리노코 강을 조사했어요. 그리고 그 강과 아마존 강이 이어지는 곳이 어디인지 처음으로 밝혀냈지요. 그런데 여행은 생각보다 훨씬 힘들었어요. 날씨는 습하고 더웠고 모기떼는 시도 때도 없이 마구 달려들었지요. 식량이 떨어져 카카오 열매로만 버티는 일도 있었어요. 결국 두 사람은 병에 걸려 쿠바로 갔답니다.

아마존 밀림 속의 훔볼트와 봉플랑

발로 뛴 탐사로 이룬 기후학 발전

훔볼트는 쿠바에서 건강을 회복한 뒤 봉플랑과 함께 안데스 산맥으로 나섰어요. 이때 가장 기억할 만한 일은 침보라소 산에 오른 거예요. 이 산은 높이가 6,310미터에 이르는데 그는 5,875미터까지 닿았지요.

이것은 당시로서는 가장 높이 오른 기록이에요. 물론 훔볼트에게는 밧줄이나 산소통 같은 장비도 없었어요. 그는 심한 고산병에 걸렸지만 자기 병까지도 과학자의 눈으로 꼼꼼히 살펴보았지요. 그래서 높은 산에는 산소가 적기 때문에 고산병이 생긴다는 사실을 처음으로 알아냈어요.

훔볼트는 멕시코에서 1년 넘게 머물며 여러 가지 조사를 하고 탐사를 마무리했어요. 1804년, 그는 당시 지리학 연구의 중심지였던 프랑스 파리로 갔지요. 그곳에서 이번 탐사로 알아낸 정보를 30권의 책으로 펴냈어요. 그중 특히 아메리카 대륙의 기후와 온도에 관한 자료는 유럽의 기후학 발전에 큰 도움이 되었답니다.

학술 탐험의 선구자, 지리학의 아버지

1827년, 훔볼트는 파리를 떠나 독일의 베를린으로 갔어요. 거기서 베를린 대학교의 교수와 학생들에게 자연 지리학을 가르쳤지요. 하지만 2년 뒤 다시 탐사를 떠나 러시아의 시베리아, 알타이 산맥, 중국 국경까지 돌아보았어요. 이때 그는 전까지 세상에 알려지지 않았던 중앙아시아 지역의 기후와 지리에 대한 정보를 모을 수 있었지요. 나중에 이 탐사 내용을 담은 책을 냈는데, 유럽인들은 이 책을 읽고 중앙아시아에 대해 좀 더 잘 알 수 있게 됐어요.

베를린 훔볼트 대학에 있는 훔볼트의 동상

훔볼트는 지구 자기장의 변동에도 관심을 갖고 있었어요. 그의 건의로 캐나다, 뉴질랜드 등 영국의 식민지 여러 곳에 자기장 관측소가 세워졌지요. 그는 일생 동안 탐험을 하며 조사하고 연구한 결과를 정리하여 《우주(코스모스)》라는 다섯 권짜리 책을 펴내기도 했어요. 이 책은 지구와 자연, 우주에 대해 쉽게 설명해서 많은 사람들이 찾게 되었지요. 그는 인생의 마지막 무렵을 《우주(코스모스)》를 쓰는 데 다 바쳤어요.

훔볼트는 지금까지의 탐험가와는 다른 사람이었어요. 그의 목표는 새로운 땅을 찾거나 돈을 버는 것이 아니었어요. 그는 오직 과학적 발견과 연구를 위해 오랜 시간 탐험했지요. 그의 탐험 덕분에 유럽의 식물 지리학과 기후학은 크게 발전할 수 있었어요. 이 때문에 그는 학술 탐험의 선구자이자 근대 지리학의 아버지라고 불린답니다.

2 탐사 여행의 결과로 세계를 뒤흔든 다윈

1809~1882년

    1831년 12월, 영국의 해군 측량선 비글호가 세계 탐사 여행을 떠났어요. 이 배에는 찰스 다윈이라는 젊은 박물학자가 함께 타고 있었지요. 박물학이란 동물학, 식물학, 광물학, 지질학을 통틀어 연구하는 학문이에요. 오늘날에는 이 학문들이 각각 나뉘어 발달해서 박물학이라는 말은 거의 쓰이지 않아요.

비글호 탐사에 참여해 세계를 돌다

    비글호는 남아메리카 대륙을 빙 둘러, 갈라파고스 제도, 뉴질랜드, 오스트레일리아, 남아프리카 대륙 해안을 돌아보았어요. 다윈은 그동안 책으로만 보았던 여러 과학적 현상을 직접 확인할 수 있었다고 해요. 그리고 이때 여러 동식물 표본을 모았지요. 그는 화산과 열대림을 지나고 말과 닮은 동물의 화석을 발견하기도 했어요. 또 외부의 다른 사람들과 전혀 교류하지 않고 지내는 원주민도 보았답니다.

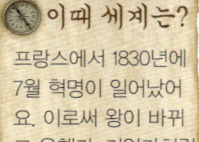

난 1831년부터 1836년까지 세계 곳곳을 탐사했어요. 1859년에는 《종의 기원》을 발표했지요.

이때 세계는?
프랑스에서 1830년에 7월 혁명이 일어났어요. 이로써 왕이 바뀌고 은행가, 기업가처럼 돈이 많은 시민들의 힘이 커졌어요.

    다윈은 탐사 여행을 하며 고생도 많이 했어요. 자주 뱃멀미에 시달리고 제대로 된 음식을 먹지 못할 때도 있었지요. 하지만 이런 어려움도 그의 과학적 열정을 꺾지는 못했어요. 그는 지진이 있는 곳에서도 탐사를 멈추지 않았고 산이 있는 곳에 도착하면 꼭 그 산에 올라 보았어요.

남아메리카 대륙의 남쪽 연안을 지나는 비글호

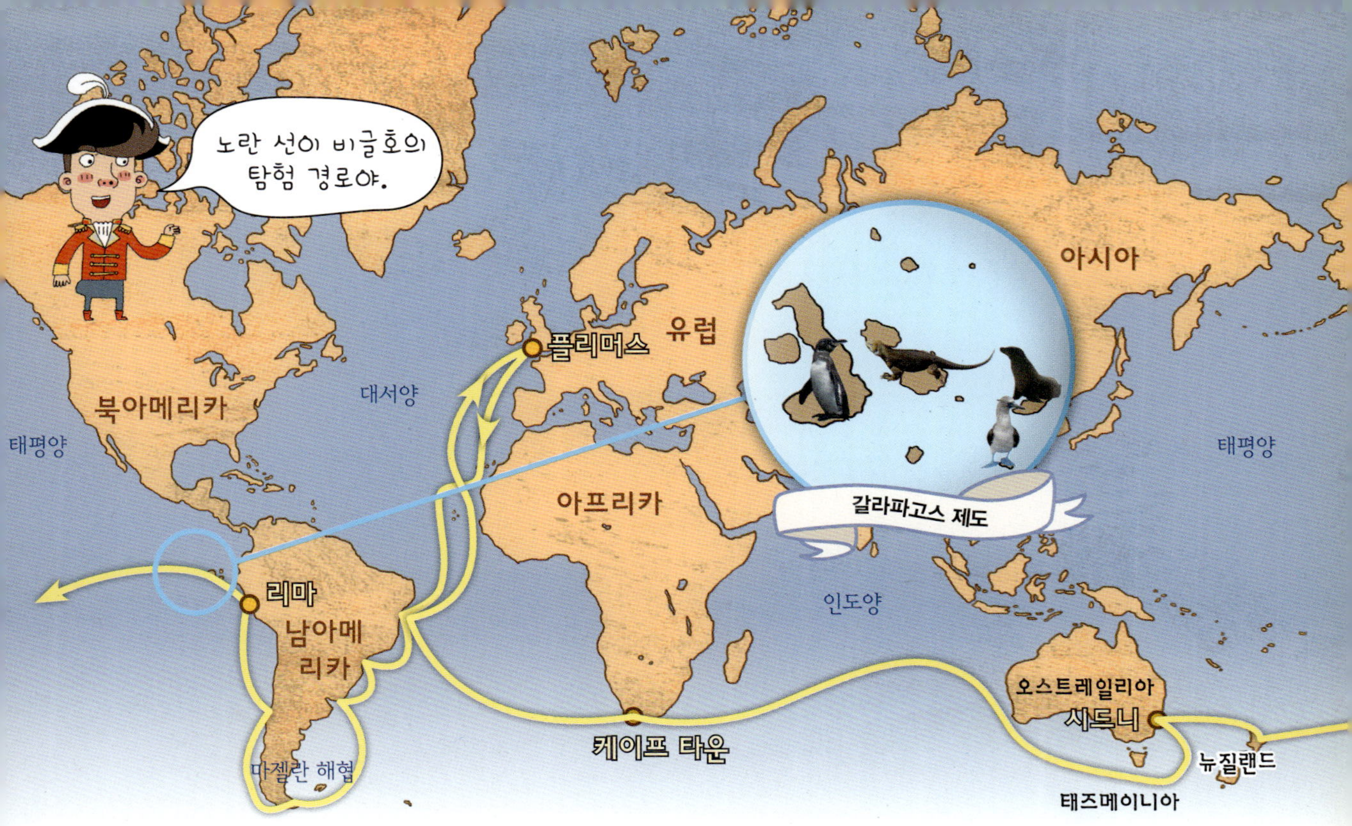

살아있는 자연사 박물관, 갈라파고스 제도

다윈이 비글호로 돌아본 여러 탐사지 중에서도 가장 중요한 곳은 바로 갈라파고스 제도예요. 갈라파고스 제도는 태평양에 있는 열아홉 개의 섬을 통틀어 일컫는 이름이지요.

다윈은 갈라파고스 제도에서 특이한 새와 파충류를 보고 놀랐어요. 그곳의 동물들은 종류와 수는 그리 많지 않았지만 모습이 섬마다 조금씩 달랐어요. 다른 섬으로 옮겨갈 수 없어서 각자의 환경에서 살아남기 좋은 방향으로 변한 듯이 보였지요.

다윈은 갈라파고스 제도에 머무는 동안 이런 점들을 눈여겨보았어요. 채집 활동도 열심히 했지요. 그래서 여러 종류의 물고기, 파충류, 곤충 등을 비롯해 작은 새도 여러 마리 잡았어요.

서로 다른 모습을 한 갈라파고스 땅거북

안장 모양 등껍질과 긴 목

보통 등껍질과 보통 길이의 목

둥글게 솟은 등껍질과 짧은 목

핀치새와 비둘기를 통해 이론을 세우다

1836년 10월, 비글호가 임무를 마쳤어요. 다윈은 집으로 돌아와 갈라파고스 제도에서 가져온 생물 표본들을 연구하기 시작했어요. 그러던 중 자기가 채집한 여러 마리 작은 새들이 모두 핀치새라는 사실을 알게 됐지요. 부리의 생김새가 서로 다르고 모두 다른 섬에 살고 있었기에 미처 몰랐던 거예요.

다윈은 갈라파고스 제도에서 어떤 선원이 했던 말을 떠올렸어요. 갈라파고스 제도의 거북들을 보면 각각 어느 섬에서 왔는지 알 수 있다는 말이었지요. 다시 생각해 보니 이것은 굉장히 중요한 이야기였어요. 갈라파고스 제도의 거북들이 자기가 사는 환경에 따라 조금씩 모습을 바꾸었다는 뜻이었으니까요.

핀치새의 부리도 자기가 구할 수 있는 먹이에 맞추어 달라진 게 틀림없었어요. 작은 곤충을 먹는 핀치새는 큰 씨앗을 먹는 핀치새에 비해 부리가 작고 가늘었거든요. 부리가 먹이를 쉽게 먹을 수 있도록 발달한 거예요.

다윈은 이런 자신의 생각을 증명하려고 직접 비둘기를 길렀어요. 그리고 교배를 통해 비둘기의 볏과 부리를 원하는 방향으로 변하게 할 수 있음을 알게 되었지요. 그가 비둘기를 키우며 생김새를 바라는 대로 바꾸었듯이, 자연 환경이 핀치새의 품종을 만들어 나갔던 것이에요.

'다윈 핀치'로 불리는 갈라파고스 제도의 핀치새들

진화론의 탄생, 《종의 기원》

다윈은 이러한 사실들을 바탕으로 진화론을 세웠어요. 진화론이란 모든 동식물의 종이 몇 개의 공통된 조상에서 갈라져 나왔다는 이론이에요. 그들이 오랜 시간을 거치면서 각자 서서히 변화해 왔다는 것이지요. 1859년, 다윈은 이런 생각을 《종의 기원》을 통해 발표했어요.

다윈이 살던 시대의 사람들은 대부분 창조론(모든 생물은 신이 창조한 것이라는 생각)을 믿었어요. 그래서 《종의 기원》은 사람들에게 엄청난 충격을 주었지요. 학자들 사이에 논쟁이 일어나고 신문에 비평하는 기사가 실리는 등 그야말로 세상이 발칵 뒤집혔어요. 진화론이 생물학계뿐만 아니라 사회 전반에 영향을 준 것이지요. 이후 다윈의 진화론은 사람들이 세상을 보는 눈을 크게 바꾸어 놓았답니다.

창조론자들이 다윈을 원숭이로 풍자한 그림

3 아프리카를 횡단한 리빙스턴

1813~1873년

데이비드 리빙스턴은 영국 스코틀랜드에서 태어났어요. 그는 가난 때문에 어린 시절부터 면화 공장에서 일하며 틈틈이 공부해야 했지요. 스물세 살 때 그는 크리스트교 전파에 헌신하기로 결심했어요. 그래서 먼저 의사 자격증을 딴 뒤에 해외 선교사가 되었답니다.

아프리카를 탐험한 선교사

1841년, 리빙스턴은 남아프리카 공화국의 케이프타운에 도착했어요. 그는 사람이 많은 내륙에 가서 선교를 하려고 북쪽으로 1,000킬로미터 이상을 걸어 칼라하리 사막 근처로 갔지요. 그곳은 그 당시까지 어떤 백인도 가 보지 못한 지역이었어요. 그는 여행을 하며 무시무시한 더위에 시달렸고, 심지어 사자에게 팔을 물리기도 했다고 해요. 하지만 어떤 시련도 크리스트교를 널리 전하겠다는 그의 열망을 꺾지는 못했지요.

리빙스턴은 선교에 적당한 지역을 찾기 위해 1849년에 칼라하리 사막을 가로질렀어요. 이때 처음으로 응가미 호수를 발견했고, 2년 후에는 잠베지 강도 찾아냈지요. 그런데 잠베지 강에서 아프리카 원주민들이 노예로 팔리는 비참한 광경을 보게 됐어요. 그때부터 그는 노예 무역에 반대하게 되었지요. 그래서 대서양에서 아프리카 대륙 안쪽까지 이르는 길을 찾기로 했어요. 물자를 나르는 길이 편해지면 노예를 쓸 일도 없을 거라고 생각했기 때문이에요.

> 나는 1841년부터 1873년까지 아프리카 대륙을 탐험했어요.

이때 세계는?
청나라에서 태평천국 운동(1851~1864년)이 일어나고 있었어요. 이 운동은 크리스트교를 바탕으로 한 농민 개혁운동이에요.

노예로 끌려가는 아프리카 원주민들

122

아프리카를 가로지른 최초의 유럽인

1853년에 리빙스턴은 잠베지 강 탐험에 나섰어요. 그 강이 대서양까지 흘러가면 노예 대신 배로 물자를 옮길 수 있었지요. 그런데 여행을 하다가 그는 엄청나게 큰 폭포를 발견했어요. 물 떨어지는 소리가 마치 천둥소리 같았지요. 그는 영국 여왕의 이름을 따서 이 폭포를 빅토리아 폭포로 이름지었어요.

길을 떠난 지 3년 째에 리빙스턴은 마침내 모잠비크의 켈리마네에 도착했어요. 유럽인으로서는 처음으로 아프리카를 가로지른 거예요. 하지만 실망스럽게도 잠베지 강은 대서양이 아닌 인도양으로 흘렀지요.

그 뒤 리빙스턴은 다시 물길을 찾는 탐험에 나섰어요. 그러다 부인이 세상을 떠나자 1864년에 영국으로 돌아갔지요. 그는 영국에서 젊은이들에게 많은 강연을 했어요. 아프리카 원주민이 겪는 어려움을 알리고 선교사로 나설 사람을 모으려고 한 거예요. 책도 몇 권 썼어요. 아프리카에 대한 새로운 이야기가 담긴 그의 책들은 큰 인기를 모았지요.

잠비아와 짐바브웨 사이에 있는 빅토리아 폭포와 그곳에 있는 리빙스턴의 동상

아프리카 대륙을 유럽에 알리다

1866년, 리빙스턴은 영국 탐험대와 함께 나일 강의 근원을 찾는 탐험에 나섰어요. 그리고 이 탐험에서 므웨루 호수와 방궤울루 호수를 발견했답니다. 또 지금의 탄자니아에 있는 탕가니카 호수에서 흘러나가는 물줄기도 새로 찾았지요. 하지만 1871년에는 긴 탐험으로 병이 나서 우지지라는 마을에서 쉬어야 했어요.

그런데 이때 리빙스턴이 죽었다는 소문이 돌아 영국에서 난리가 났어요. 그리고 여러 사람들이 그를 찾기 위해 아프리카로 왔지요. 다행이 그들 중에 《뉴욕 헤럴드》 신문의 영국인 기자 스탠리가 그를 찾아냈어요.

리빙스턴은 스탠리가 가져온 약과 음식으로 기운을 차렸어요. 그러고 나서 스탠리와 함께 탕가니카 호수 북부를 탐험했지요. 스탠리가 함께 영국으로 돌아가자고 말했지만 그는 꿈쩍하지 않았어요. 나일 강의 근원을 찾고 노예 무역을 없애기 전에는 돌아가지 않을 생각이었지요. 결국 스탠리는 그를 남겨두고 아프리카를 떠났어요.

우지지 마을에서 리빙스턴과 만나는 스탠리

리빙스턴은 스탠리와 헤어진 뒤 탐험을 계속했어요. 하지만 그의 몸은 정상이 아니었어요. 약과 음식 때문에 일시적으로 회복된 것처럼 보인 것일 뿐이었지요. 1873년 5월, 그는 현재 잠비아의 치탐보에서 숨을 거두었어요. 그는 무릎을 꿇고 기도하는 모습으로 세상을 떠났다고 해요. 1년 후, 그의 마지막 탐험을 기록한 《중앙아프리카에서의 리빙스턴의 최후 일지》가 출간되었답니다.

《중앙아프리카에서의 리빙스턴의 최후 일지》에 실린 리빙스턴의 탐험 경로

4 앙코르 와트를 유럽에 알린
앙리 무오

1826~1861년

앙리 무오는 프랑스 몽벨리아르에서 태어났어요. 그는 탐험 정신을 가지고 유럽을 여행했지요. 또 동물학에도 깊은 관심을 보여 시암(타이)으로 탐사 여행을 떠나기도 했어요. 이 과정에서 그는 동남아시아 최고의 역사적 건축물인 앙코르 와트를 발견하고 세상에 알렸어요.

> 난 1858년부터 1861년까지 인도차이나 반도를 탐험했어요. 1860년에는 앙코르 와트에 닿았지요.

이때 세계는?
미국에서 노예제 폐지 문제로 남북전쟁(1861~1865년)이 일어났어요.

앙리 무오, 유럽 여행을 시작하다

무오는 대학에서 철학을 공부하고, 러시아에서 강사로 활동하며 철학과 언어를 가르치고 있었어요. 그는 여행을 무척 좋아하였어요. 동생 샤를과 함께 러시아의 각 지역을 여행하기도 했지요. 그러던 중 러시아와 유럽 여러 나라들 사이에 크림 전쟁이 일어나자, 두 형제는 여행지를 유럽으로 바꾸고 2년간 유럽 전역을 돌아다녔어요. 무오에게 여행은 시원한 청량제와 같았지요.

무오는 자신이 여행한 유럽 곳곳의 모습을 사진에 담았어요. 여행하였던 일정도 기록에 남겼지요. 또 그는 어릴 때부터 그림을 잘 그렸다고 해요. 이러한 경험들과 그의 뛰어난 그림 솜씨는 그가 시암에서 탐험을 하며 여행기를 기록할 때에 큰 도움이 되었어요.

은판 사진으로 찍은 19세기 중반 파리의 풍경과 은판 사진기

영국의 지원을 받아 탐험에 나서다

무오는 동생 샤를과 함께 영국에 도착하였어요. 그는 영국에 머무르며 박물학을 공부하다가, 영국의 학자 존 보링 경이 쓴 《시암 왕국과 사람들》이라는 책을 읽고 깊은 감명을 받게 되었어요. 시암은 동남아시아 중 인도차이나 한가운데 자리 잡고 있던 왕국이에요.

무오는 시암으로 탐험 여행을 떠나기로 결심하고 여행 준비를 시작하였지요. 그리고 1858년, 새로운 동식물을 연구하는 목적으로 영국 런던 지리학회와 런던 동물학회의 지원을 받아 꿈에 그리던 인도차이나 반도 탐험에 나서게 되었어요.

런던 동물학회 본부의 모습

인도차이나 반도 탐험과 동식물 표본 채집

무오는 시암과 캄보디아, 라오스 지역을 돌아볼 생각이었어요. 그는 우선 시암의 방콕에 거처를 정하고 옛 수도였던 아유타야로 갔지요.

아유타야에서의 탐험은 쉽지 않았어요. 밀림에는 모기와 진드기 같은 벌레들이 우글대며 밤낮없이 무오를 괴롭혔지요. 무오는 더운 날씨와 야생 동물의 공격으로 고생하기도 했어요.

무오는 아유타야에서 곤충과 조개, 토양 표본을 모아 영국으로 보냈어요. 그는 하루 일정이 끝나면 탐사한 내용을 자기의 소감과 함께 기록했지요. 저녁 시간이 되면 횃불을 밝히고 온몸에 흐르는 땀을 닦으며 글을 썼어요. 이해하기 쉽도록 관찰한 것을 그림으로 그려 넣기도 했지요.

아유타야의 유적

캄보디아의 위대한 건축 유산, 앙코르 와트를 발견하다

무오가 캄보디아의 앙코르 와트를 발견한 데는 시암에 먼저 와 있던 실베스트르 신부의 도움이 컸어요. 그는 실베스트르 신부가 알려 준 대로 밀림을 헤치며 1년 넘게 여행했어요. 그리고 1860년, 드디어 울창한 숲 사이로 인간이 쌓아 올린 위대한 종교적 건축물인 앙코르 와트를 발견했지요. 그 순간 무오의 가슴속에는 뜨거운 감동이 몰아쳤어요.

앙코르 와트는 직사각형의 해자(침입을 막기 위해 성을 빙 둘러 판 못) 한가운데에 놓여 있었어요. 여러 층의 건물 위에 다섯 개의 탑이 산등성이 모양으로 솟아 있는 모습은 정말 장관이었지요. 사원의 벽에는 여러 신들의 모습이 조각되어 있었어요.

무오는 그의 여행기에 앙코르 와트는 거대한 규모와 섬세한 조각으로 볼 때 프랑스의 어떤 성당에도 뒤지지 않는다고 적었어요. 또 그 장엄함은 그리스인이나 로마인들이 세운 건축물에 비길 정도라고 하였지요.

앙리 무오가 그린 앙코르 와트의 정면 모습

앙리 무오의 여행기, 세상에 나오다

무오는 1861년에 라오스 밀림을 탐사하던 중 말라리아에 걸려 세상을 떠났어요. 충실한 조수였던 바오는 그를 숲에 묻은 후, 그의 여행기를 세상에 전했지요.

무오의 여행기는 그가 세상을 떠난 해에 《세계회유》라는 프랑스 잡지에 처음 소개되었어요. 그리고 다음 해에는 《인도차이나 중부, 캄보디아, 라오스 여행기》라는 제목의 책으로 출간되었지요. 무오는 이 책에서 매우 장엄하고 아름다운 사원이 캄보디아에 세워져 있다며 앙코르 와트를 소개했어요.

무오가 앙코르 와트를 처음 발견한 사람은 아니에요. 그보다 먼저 앙코르 와트를 다녀간 선교사나 여행가들도 있었지요. 하지만 그 누구도 그 위대한 건축물을 세상에 알리지 않았어요. 그런데 무오의 여행기로 인해 앙코르 와트의 존재가 세상에 알려지게 된 것이에요.

앙코르 와트의 벽면에 새겨진 힌두교 여신들

'수도의 사원'을 뜻하는 앙코르 와트

5 트로이 전쟁의 신화를 역사로 만든
슐리만

1822~1890년

슐리만은 독일에서 가난한 목사의 아들로 태어났어요. 그는 어릴 때 읽은 세계사 책 속의 트로이 전쟁을 역사적 사실로 믿고, 트로이를 발굴하기 위해 고고학 공부에 몰두하였어요. 이 당시까지만 해도 사람들은 트로이 전쟁이 신화 속의 이야기라고 생각했거든요. 하지만 그는 굳은 신념과 탐험 정신으로 마침내 트로이 발굴에 성공하였지요.

소년 슐리만, 트로이의 전설을 사실로 믿다

슐리만은 일곱 살 때 아버지에게 선물로 받은 《어린이를 위한 세계사》라는 책을 읽게 되었어요. 어린 슐리만은 트로이 전쟁의 마지막 순간을 그린 삽화에서 눈을 떼지 못하였지요.

트로이 전쟁은 소아시아에 위치한 트로이와 그리스 연합군이 장장 10년 동안 벌인 싸움이에요. 트로이의 왕자 파리스가 그리스의 도시 국가 스파르타의 왕비 헬레네를 꾀어 달아나 전쟁이 일어났지요. 오랜 전투 끝에 그리스군이 커다란 목마를 남겨 두고 물러가자, 트로이는 그 목마를 성안에 들여놓고 승리의 잔을 들었어요. 그런데 바로 그때 목마 속에 숨어 있던 그리스 군사들이 트로이를 공격하여 트로이는 멸망하였지요.

슐리만이 본 삽화에는 거대한 성벽으로 둘러싸인 트로이가 활활 불에 타고

> 난 1871년부터 1890년까지 전설 속의 트로이와 미케네 등을 발굴했어요.

이때 세계는?
독일이 1871년에 통일을 이루었어요. 그동안 여러 개의 나라로 나뉘어 있던 독일이 하나가 된 거예요.

트로이가 멸망하던 밤을 상상한 그림

있었어요. 그리고 불 한가운데를 뚫고 살아남은 트로이 왕족들이 도망을 치고 있었지요. 슐리만은 저렇게 견고한 성벽의 도시였다면, 땅속 어딘가에 그 성터가 남아 있을 거라고 생각했어요.

사업가로 성공한 슐리만, 그리스어를 배우다

슐리만은 집안 형편이 좋지 못했어요. 그래서 열네 살 때부터 식품점에서 일을 하며 어려운 생활을 하였지요. 하지만 그는 타고난 근면성과 탁월한 사업 감각으로 엄청난 부를 일군 사업가가 되었어요. 그는 크림 전쟁 기간 동안 군수 사업을 통해 막대한 돈을 벌었어요. 그리고 모피 무역을 하여 더 큰 부자가 되었지요.

사업가 시절의 슐리만

슐리만은 유대인으로 태어나 독일에서 생활했고, 러시아를 자주 방문하였기 때문에 세 나라의 언어에 능통하였어요. 그런데도 그는 틈틈이 그리스어 공부에 힘을 기울였어요. 트로이 발굴을 준비하고 있었기 때문이에요. 사실 트로이 전쟁 이야기는 고대 그리스인 호메로스가 지은 서사시 《일리아드》에 나온 내용이었거든요. 결국 그는 단 6주 만에 《일리아드》를 낭송하고 다녔어요.

파리에서 고고학 공부에 몰두하다

슐리만의 머릿속은 항상 트로이에 대한 생각으로 가득했어요. 그가 주위 사람들에게 트로이를 발굴하겠다고 하자 모두가 고개를 저었어요. 슐리만이 살았던 19세기까지 《일리아드》는 도저히 믿을 수 없는 신화 속의 이야기로 생각되었기 때문이에요.

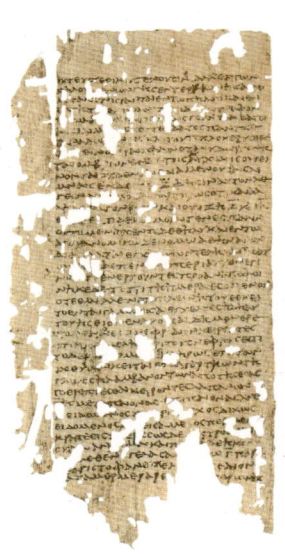
2세기 이집트의 《일리아드》 해설본

그러나 꺾이지 않는 신념을 가졌던 슐리만은 1866년에 파리로 유학하여 소르본 대학에서 고고학 연구에 온 힘을 쏟았어요. 그리고 1869년에는 독일 로스토크 대학에서 박사 학위를 받았지요.

터키 히사를리크 언덕에서 트로이 유적을 발굴하다

슐리만은 트로이를 발굴하고자 하는 자신을 이해하지 못하는 러시아 출신의 아내와 이혼하였어요. 그리고 자기를 전폭적으로 지원하고 믿어 주는 그리스 여성을 만나 결혼을 하였지요. 그는 아내 소피아의 격려와 도움 속에 온갖 어려움을 물리치고, 드디어 1871년에 터키의 히사를리크 언덕에서 트로이 유적을 발굴하는 데 성공하였어요.

히사를리크 언덕은 목동들이 염소나 양을 키우던 곳이었어요. 아주 오랫동안 누구도 그곳에 관심을 갖지 않았지요. 그런데 그곳을 파 내려가니 선사 시대부터 로마 시대까지의 유적층들이 겹겹이 쌓여 있었어요.

히사를리크 언덕의 트로이 유적

프리아모스의 보물을 걸친 슐리만의 아내

슐리만은 그중 두 번째 유적층을 트로이 유적층으로 생각하다가 훗날 여섯 번째 층으로 생각을 바꾸었지요.

소피아는 트로이의 유물 중 가장 아름다운 순금 장식품들을 직접 걸치고 사람들 앞에 서서 감탄을 자아냈어요. 이 보물들은 '프리아모스의 보물'이라고 불렸지요. 프라이모스는 트로이의 마지막 왕이에요. 훗날 이 보물들은 프리아모스 왕의 것이 아니라고 밝혀졌지만 여전히 그렇게 불리고 있어요.

트로이 전쟁의 중심, 미케네를 발굴하다

슐리만은 트로이 전쟁 당시 그리스 연합군의 지휘자였던 아가멤논 왕이 통치하던 미케네 성을 발굴하는 데도 성공하였어요. 미케네는 《일리아드》에 트로이보다 더 부유한 나라라고 나와 있지요.

미케네 유적에서 나온 아가멤논의 마스크 : 아가멤논의 것이 아니라고 밝혀짐

슐리만은 기초부터 탄탄하게 고고학을 연구한 사람이 아니었기 때문에 발굴 당시 유적층이 겹겹이 쌓여 있다는 것을 생각하지 못했어요. 그래서 히사를리크 언덕을 마구잡이로 파 내려갔지요. 그 결과, 기원전 1000년경의 그리스 시대 건축물들이 무참히 파괴되었어요. 또 그는 발굴된 유물들을 터키 정부 몰래 빼돌리기도 했지요. 이런 일들 때문에 슐리만을 나쁘게 평가하는 사람들도 있어요.

하지만 슐리만의 신념과 탐험 정신이 이루어낸 트로이 발굴은 세계를 깜짝 놀라게 하였고, 지금도 수많은 고고학자들에게 꿈과 희망을 던져 주고 있답니다.

슐리만이 발굴한 미케네 성의 입구, 사자의 문

6 바다의 비밀을 캐낸 챌린저호

건조 : 1858~폐기 : 1921년

1872년 12월, 챌린저라는 이름을 가진 배 한 척이 영국을 떠났어요. 이 배에는 최신 과학 장비가 가득했고 실험실까지 여러 개 있었지요. 그리고 다섯 명의 과학자들과 한 명의 화가, 200명이 넘는 승무원들이 타고 있었어요. 챌린저호의 역사적인 탐사 여행이 시작된 거예요.

세계 최초로 해양 탐사에 나서다

챌린저호의 해양 탐사는 영국의 해군과 왕립 학회가 공동으로 진행했어요. 순전히 바다만을 조사하기 위해 탐험대가 꾸려진 건 이때가 처음이었지요. 챌린저호는 약 3년 6개월 동안 세계 곳곳의 바다를 누비며 탐사를 할 예정이었어요.

과학자들을 지휘한 사람은 에든버러 대학의 찰스 톰슨 교수였어요. 그는 1868년과 그 이듬해에 걸쳐 1,200미터 깊이까지 바닷속을 탐사한 적이 있었어요. 이때 그는 멸종된 것으로 알려졌던 해양 동물들을 여러 종 발견했지요. 또 깊은 바닷속의 온도가 일정하지 않은 것을 보고 바닷물이 순환한다는 사실을 알아내기도 했어요.

또 중요한 역할을 한 사람은 해양학자인 존 머리 박사였어요. 그는 노르웨이와 가까운 바다에서 수많은 해양 생물 표본을 모아 연구해 왔지요. 그래서 이번에도 생물 표본을 관리하는 책임을 맡았답니다.

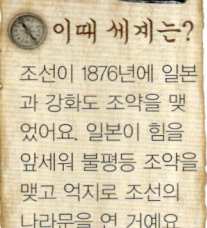

난 1872년부터 1876년까지 세계 곳곳의 바닷속을 탐사했어요.

이때 세계는?
조선이 1876년에 일본과 강화도 조약을 맺었어요. 일본이 힘을 앞세워 불평등 조약을 맺고 억지로 조선의 나라문을 연 거예요.

19세기 에든버러 대학의 모습

바다의 신비를 벗긴 탐사 여행

챌린저호의 탐사 작업은 꼼꼼하게 이루어졌어요. 과학자들은 깊은 바닷속 바닥까지 닿는 그물을 던져서 해양 동식물의 표본을 모았지요. 동식물 표본은 측정 기록을 남긴 뒤에 연구실로 보냈어요. 그러면 연구실에서는 표본을 관찰하고 해부하여 종류별로 나눈 뒤 그림을 그렸지요.

챌린저호의 탐사는 굉장한 성과를 거두었어요. 깊은 바닷속에 산(해령)과 골짜기(해구)가 있다는 사실을 알아냈고, 바닷속 지형을 파악해 다른 배들이 쉽게 다닐 수 있도록 정보를 주었지요. 그리고 바닷물의 흐름과 온도를 측정해 도표로 만들기도 했어요.

또 챌린저호는 지구의 바닷속에서 가장 깊은 곳이라는 마리아나 해구의 깊이를 최초로 재기도 했지요. 그곳의 중심부는 깊이가 약 1만 1000미터에 달했는데, 나중에 챌린저 심연이라고 불리게 되었어요. 염분비 일정의 법칙도 이때 나왔어요. 바닷물에 짠맛이 나는 성분들이 항상 같은 비율로 들어 있다는 사실을 밝힌 것이지요.

챌린저호의 탐험 경로(1872~1876년)

《챌린저 보고서》와 해양학의 탄생

챌린저호는 총 12만 8000킬로미터를 항해하고 임무를 마쳤어요. 그동안 492개 지점에서 바다의 깊이를 쟀고, 362개 지점에서 해양 자료를 수집했지요. 이때 채집한 바다 생물 표본은 4,717종에 이르러요.

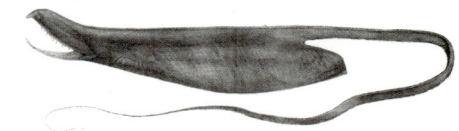
입과 위를 크게 늘일 수 있는 풍선장어

턱뼈를 입밖으로 내밀어 먹이을 잡는 용물고기

《챌린저 보고서》에서 소개한 깊은 바다 물고기들

탐사 결과는 《챌린저 보고서》라는 제목으로 출간되었어요. 이 보고서는 50권이나 되고, 모두 합하면 3만 쪽 가까이 되는 엄청난 분량이에요. 챌린저호가 탐사하며 수집한 자료가 너무 많아서 정리하고 분석하는 데만 20년 가까이 걸렸지요. 더욱 굉장한 건 이때의 실험 결과들이 대부분 지금도 그대로 사용할 수 있을 정도로 정확하다는 거예요.

챌린저호의 탐사를 계기로 에든버러 대학 지리학과에는 따로 해양학이라는 분야가 생겼어요. 해양학은 바다를 전문적으로 연구하는 학문이에요. 이때부터 세계 여러 나라도 본격적으로 바다를 연구하기 시작했지요. 챌린저호의 탐사는 해양 탐사의 모범이 되었어요. 챌린저호의 탐사가 없었다면 바다에 대한 우리의 지식은 지금보다 훨씬 얕았을지도 모른답니다.

현대 해양학자들의 활동 : 심해 생물 표본을 채집하는 모습

탐험 지식 플러스

지도는 어떻게 읽어야 하나요?

1. 동서남북 방향을 알려 주는 방위

방위는 동서남북의 네 가지 방향을 말해요. 지도에는 보통 4방위표가 많이 쓰이지요. 때로 이 4방위의 중간 방향을 표시한 8방위표가 쓰이기도 해요.

8방위표

2. 실제 거리를 알려 주는 축척

축척이 1 : 50,000으로 표시되어 있다면, 그 지도는 실제 거리를 50,000분의 1로 줄여서 나타냈다는 뜻이에요. 그 지도에서 1센티미터는 실제로 500미터이고(1cm x 50,000 = 50,000cm), 2센티미터는 1킬로미터가 되지요(2cm x 50,000 = 100,000cm). 이런 지도를 50,000분의 1지도라고 해요.

3. 지역에 무엇이 있는지 알려 주는 기호

기호란 땅 위에 있는 건물이나 길을 간단히 나타낸 모양이에요. 지도에는 이런 기호를 어떤 식으로 나타냈는지 알려 주는 일러두기가 있어요. 이것을 범례라고 하는데, 범례는 대개 지도 한 귀퉁이에 따로 표시해 두지요. 자주 사용되는 기호는 아래와 같아요.

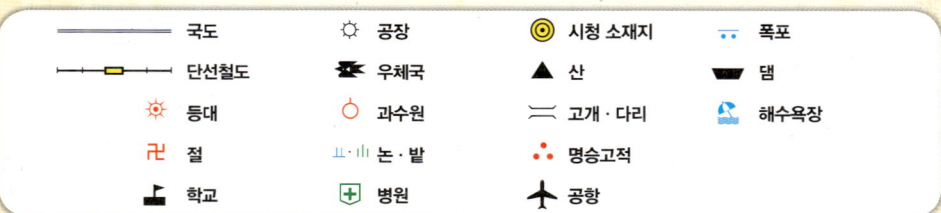

4. 땅과 산의 높낮이를 나타내는 등고선

지도를 보면 나이테 같이 생긴 꾸불꾸불한 선이 있어요. 이것이 등고선이에요. 등고선은 해수면(바닷물의 높이)으로부터 높이가 같은 지점들을 이은 선이지요. 등고선은 땅의 높낮이와 경사가 어떤지 알려 주어요.
등고선의 간격이 촘촘하면, 그곳은 땅이 높고 가파르다는 뜻이에요. 반면, 간격이 넓으면 낮고 경사가 완만하다는 뜻이지요. 등고선을 읽을 줄 안다면 등산을 할 때 위험한 곳을 피할 수 있겠지요?
지역의 높낮이는 색으로도 알 수 있어요. 보통 강이나 바다는 파란색, 들은 초록색, 산은 노란색이나 갈색으로 나타내요. 물이 깊거나 산이 높을수록 진한 색으로 표시한답니다.

움직이는 지도, 자동차의 내비게이션에 대해 알아보아요

요즈음엔 처음 가는 길을 갈 때에도 일일이 지도를 준비할 필요가 없어요. 자동차의 내비게이션에 목적지를 입력하기만 하면 편리하게 길 안내를 받을 수 있으니까요. 그런데 어떻게 이것이 가능할까요? 다름아닌 GPS(Global Positioning System 위성항법장치) 덕분이에요.
GPS란 인공위성을 통해 현재 자신의 위치를 알 수 있는 기술을 말해요. 네 개의 인공위성이 정확히 위치를 계산해 알려 주고 목적지까지 안내해 주지요.
GPS로 얻을 수 있는 정보는 나침반과는 비교할 수 없이 상세해요. 내가 있는 곳의 위도·경도·고도는 물론 3차원의 속도 정보까지 알 수 있어요. 이런 GPS는 비행기와 선박, 자동차뿐만 아니라, 스마트폰이나 컴퓨터에서도 사용되고 있답니다.

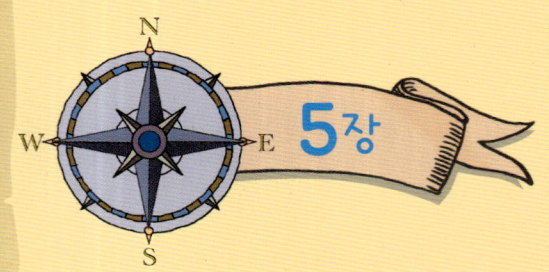

5장

극한의 세계에
도전하다

사람들은 이제 남극과 북극, 바닷속과 하늘,
그리고 세계에서 가장 높은 산에 도전하기 시작했어요.
불가능하다고 여기던 곳들을 정복하기 위해 나선 거예요.
이런 도전으로 우리 인간은 한계를 극복하고
활동 범위를 한층 넓히게 되었지요.
그럼 극한의 세계를 탐험한 사람들이
어떻게 어려움을 헤쳐 나가며
꿈을 이루었는지 함께 살펴보아요.

북극해 탐험의 길을 연 **난센** ① 1893~1896년

청·일 전쟁 ● 1894~1895년

비행기로 하늘을 날다! **라이트 형제**  ② 1903년

러·일 전쟁 ● 1904~1905년

마침내 북극점을 정복한 **피어리** ③ 1908~1909년

남극점을 향해 달린 **아문센과 스콧** ④ 1910~1912년

청 멸망, 중화민국 건국 ● 1912년

제1차 세계 대전 ● 1914~1918년

러시아 혁명 ● 1917년

3·1 운동, 대한민국 임시정부 수립 ● 1919년

졸음과 싸우며 대서양을 횡단한 **린드버그** ⑤ 1927년

미국, 대공황 시작 ● 1929년

미국, 뉴딜 정책 실시 ● 1933년

제2차 세계 대전 ● 1939~1945년

카이로 회담 ● 1943년

수중 호흡기로 해양 탐사의 길을 연 **쿠스토**  ⑥ 1943년

포츠담 회담, 얄타 회담 / 8·15 광복 ● 1945년

6·25 전쟁 ● 1950~1953년

미국, 수소 폭탄 실험 성공 ● 1952년

세계의 최고봉 에베레스트에 오른 **힐러리와 텐징** ⑦ 1953년

탐험가가 되려면 어떻게 해야 하나요?   탐험 지식 플러스

1 북극해 탐험의 길을 연 난센

1861~1930년

난센의 그린란드 탐험대

프리드쇼프 난센은 노르웨이의 해양 동물학 학자이자 탐험가였어요. 그는 1888년에 다섯 명의 탐험대를 이끌고 걸어서 그린란드를 가로질렀지요. 북극 지방에 있는 그린란드는 언제나 눈이 녹지 않고 쌓여 있는 추운 땅이에요. 그는 모두들 불가능하다고 했던 일을 처음으로 해내고 자신감을 얻었어요. 이제 오랫동안 꿈꾸었던 북극점 정복을 이룰 차례였지요.

북극점 탐험 계획을 발표하다

> 난 1893년부터 1896년까지 북극 지역을 탐험했어요.

이때 세계는?
청·일 전쟁(1894~1895년)이 벌어지고 있었어요. 청나라와 일본은 서로 동아시아의 주도권을 손에 넣으려고 싸웠고, 일본이 이겼어요.

난센이 북극점 탐험 계획을 밝히자 사람들은 깜짝 놀랐어요. 하지만 그는 과학적인 근거를 들어 탐험에 성공할 수 있다고 주장했지요. 시베리아에서 북극해로 흐르는 해류를 이용하면 된다는 게 그의 생각이었어요. 즉, 노르웨이에서 배를 띄워 북쪽으로 가다가 그 해류를 타기만 하면 쉽게 북극점 가까이 갈 수 있다는 것이었지요.

하지만 난센은 과학자들의 반대에 부딪혔어요. 과학자들은 북극점 근처는 온통 얼음으로 덮여 있어 배로는 갈 수 없다고 했지요. 그래도 그는 얼음덩어리와 부딪혀도 부서지지 않는 배를 만들면 된다고 했어요. 다행히 노르웨이의 국회는 그의 계획을 믿어 주었지요. 그래서 그에게 배를 만들어 주고 탐험에 필요한 비용도 대기로 했답니다.

프람호를 타고 북극점을 향하여

이렇게 해서 난센은 1893년 6월에 북극 항해선 '프람호'를 타고 노르웨이를 출발했어요. 프람호는 북극의 빙하에 견딜 수 있도록 만들어진 배였지요. 길이가 짧고 배 옆구리가 볼록해서 모양이 항아리와 비슷했어요. 프람은 노르웨이 말로 앞으로 나아간다는 뜻이에요.

난센은 시베리아에서 북쪽으로 항해해 해류를 타는 데 성공했어요. 프람호는 이내 얼음에 부딪혔지만 부서지지 않았지요. 오히려 얼음 위로 슬쩍 미끄러져 올라가 얼음에 둘러싸인 채로 나아갔어요. 이렇게 1년 반 정도 지루한 항해가 계속되었답니다.

1895년 3월, 프람호는 북위 84도 4분 지점에 닿았어요. 사방이 얼어붙어 있어 더 이상 가기는 힘들었지요. 난센은 스키 선수였던 대원 요한센을 데리고 배에서 내렸어요. 개썰매와 카약(북극 지방에서 사용하는 가죽 배)을 이용해 북극점까지 가려는 계획이었지요.

프람호에서 내려 썰매를 끌고 가는 난센과 요한센

가장 북쪽에 이른 기록을 남긴 탐험

1895년 4월, 난센은 요한센과 함께 북위 86도 14분까지 이르렀어요. 그때까지 그보다 더 북쪽으로 간 사람은 없었지요. 그런데 아쉽지만 거기서 방향을 돌려야 했어요. 북극점까지는 아직 남았는데 식량이 부족했던 거예요. 추위와 굶주림에 지친 채로 북극점까지 가는 건 아무래도 어려운 일이었지요.

난센과 요한센은 할 수 없이 북극해의 드제크소나라는 섬에서 구조를 기다리기로 했어요. 그리고는 오두막을 짓고 북극곰과 바다코끼리를 잡아먹으며 힘들게 겨울을 보냈지요. 그 이듬해, 그들은 영국 탐험대의 도움으로 노르웨이로 돌아왔어요. 다행히 프람호 또한 무사히 돌아와 있었지요.

비록 북극점에 이르지는 못했지만 난센이 이끈 탐험대는 노르웨이의 영웅이 되었어요. 또한 수많은 사람들이 북극점에 닿을 수 있다는 희망을 가지고 탐험에 나서는 계기가 되었답니다.

난센과 요한센이 겨울을 난 드제크소나 섬의 오두막

영국 탐험대의 대장과 인사하는 난센(오른쪽)

난센이 남극점 정복을 도왔다고요?

최초로 남극점을 정복한 아문센 역시 노르웨이 사람이에요. 난센은 아문센이 남극점 정복에 나설 때 많은 도움을 주었어요. 북극 탐험의 경험을 들려주고 개썰매의 중요성도 알려 주었지요.
특히 프람호를 물려준 건 정말 큰 도움이 되었어요. 극지 탐험에 알맞은 프람호가 없었다면 남극점을 최초로 정복하는 영광은 다른 사람에게 돌아갔을지도 모른답니다.

난센이 아문센에게 물려준 프람호

2 비행기로 하늘을 날다! 라이트 형제

윌버 라이트 1867~1912년   오빌 라이트 1871~1948년

100여 년 전만 해도 하늘을 나는 기계는 상상 속에서나 가능했어요. 하지만 비행기의 가능성을 끈질기게 믿고 노력해 마침내 비행에 성공한 사람들이 있지요. 바로 라이트 형제예요. 라이트 형제는 미국의 윌버 라이트와 오빌 라이트를 일컫는답니다.

하늘을 나는 기계를 꿈꾼 라이트 형제

라이트 형제는 장난감 기계와 자전거를 만들어서 파는 일을 하고 있었어요. 그러다가 당시 세계를 떠들썩하게 했던 독일인 오토 릴리엔탈 때문에 비행에 관심을 갖게 되었지요. 오토 릴리엔탈은 글라이더를 연구하고 직접 타기도 했는데, 결국 글라이더 비행 중에 사고로 세상을 떠났어요. 글라이더는 엔진이나 프로펠러 같은 장치 없이 바람의 힘 등으로 하늘을 나는 기계예요.

라이트 형제는 오토 릴리엔탈의 도전 정신에 큰 자극을 받았어요. 그래서 1900년 10월, 노스캐롤라이나 주에 있는 작은 모래섬 키티 호크를 찾았지요. 그곳은 언덕이 있고 바람도 강해 비행 실험을 하기에 좋은 곳이었어요. 그때부터 그들은 글라이더로 직접 비행을 하거나 모형을 만들어 수없이 실험을 했지요. 그리고 언젠가는 꼭 동력 장치를 이용해서 하늘을 나는 비행 기구를 만들겠다고 결심했어요.

> 우리는 1903년에 인류 최초로 비행기로 하늘을 날았어요.

이때 세계는?
1904년에 러·일 전쟁이 벌어졌어요. 러시아와 일본은 대한 제국과 만주를 두고 1905년까지 싸웠고, 일본이 승리했어요.

글라이더로 하늘을 나는 오토 릴리엔탈

비행기를 만들려면 날개와 가볍고도 강한 엔진, 조절 장치가 필요했지요.

라이트 형제는 날개를 만들려고 풍동이라는 기계를 이용해 수많은 실험을 했어요.

방향 조절 장치는 새에게서 힌트를 얻었답니다.

라이트 형제는 마침내 비행에 성공했어요. 하늘을 나는 인류의 꿈이 실현된 거예요.

어려움을 딛고 비행기를 만들어 내다

　비행기를 만드는 일은 쉽지 않았어요. 하늘을 날려면 바람을 탈 수 있는 날개와 가벼우면서도 강한 엔진을 만들어야 했지요. 또 비행기의 방향을 조절할 수 있는 장치도 필요했어요. 라이트 형제는 이러한 과제들을 하나하나 풀어 나갔답니다.

　라이트 형제는 우선 풍동(인공적으로 바람을 일으키는 장치)으로 실험을 한 뒤에 비행에 가장 적합한 날개를 만들었어요. 엔진은 여러 기계 회사에 만들어 달라고 부탁했지만 모두 거절 당했어요. 결국 라이트 형제는 엔진을 직접 만들었지요. 그 뒤 그들은 가장 힘들었던 방향 조절 장치 문제도 해결해 냈어요. 새가 날 때의 모습에서 힌트를 얻어 날개를 살짝 비트는 방법을 쓴 거예요.

　라이트 형제는 이렇게 연구와 실험으로 몇 년을 보냈어요. 천여 번의 비행 실험으로 비행기 날개와 바람의 관계 등 필요한 자료도 얻었지요. 그들은 잘못된 점이나 더 좋게 만들 수 있는 점은 수없이 고쳐 나갔어요. 그리고 드디어 엔진을 단 비행기를 만들어 냈어요.

라이트 형제가 쓰던 풍동

글라이더 실험을 하는 라이트 형제

● 라이트 형제가 살던 오하이오 주의 데이턴
● 노스캐롤라이나 주의 키티 호크 섬

플라이어호, 비행에 성공하다

1903년 첫 비행에 성공한 모습

1903년 12월 14일에 라이트 형제는 다시 키티 호크 섬을 찾았어요. 직접 만든 엔진을 단 플라이어호의 시험 비행을 위해서였지요. 하지만 형 윌버가 탄 플라이어호는 이륙한 지 3초 만에 땅에 처박혔답니다.

3일 후, 라이트 형제는 다시 도전했어요. 마침내 동생 오빌이 탄 플라이어호가 보기 좋게 비행에 성공했지요. 하늘을 난 시간은 단 12초밖에 되지 않았지만 정말 굉장한 순간이었어요. 그때까지 비행이란 높은 곳에서 뛰어내리는 것에 불과했지요. 하지만 이번에는 공기보다 무거운 비행기가 자체의 힘으로 공중을 난 거예요!

라이트 형제는 그날 총 네 번의 비행을 했는데, 그중 최고 기록은 59초 동안 244미터를 난 것이었어요. 그 뒤 1908년에 형 윌버는 프랑스에서, 동생 오빌은 미국에서 공개적으로 비행 시범을 보여 전 세계를 놀라게 했지요.

1908년 미국 국방부에 보인 시험 비행

오늘날처럼 하늘을 자유롭게 나는 시대는 이렇게 라이트 형제의 끊임없는 노력으로 열리게 된 것이랍니다.

흥미진진 탐험 속 세계사

라이트 형제보다 먼저 하늘을 난 몽골피에 형제

프랑스의 몽골피에 형제는 우연히 뜨거운 공기를 가득 채운 자루는 공중으로 떠오른다는 것을 알게 됐어요. 그들은 이 사실을 이용해 열기구를 만들고 공개 실험을 했지요. 열기구는 정말 1,000미터나 떠올라 10분 정도 하늘에 머물렀어요. 그들은 계속 열기구를 개량하여 마침내 같은 해 11월에 사람들을 태우고 비행에 나섰지요. 그리고 약 25분 동안 9킬로미터를 자유롭게 날았답니다.

몽골피에 형제의 1783년 공개 실험

3 마침내 북극점을 정복한
피어리

1856~1920년

로버트 에드윈 피어리는 미국의 군인이자 탐험가였어요. 그는 여러 차례 그린란드를 탐험했지요. 이때 이누이트족의 생활을 연구하기도 했어요. 그는 추운 극지 탐험에 자신감을 얻고 북극점에 도달하기로 결심했답니다. 그래서 1898년에 드디어 첫 번째 도전에 나섰지요. 하지만 4년 동안의 탐험은 아무런 성과 없이 끝났어요.

> 난 1908년에 탐험을 시작해서 1909년에 북극점에 닿았어요.

이때 세계는?
일본과 청나라가 1909년에 간도 협약을 맺었어요. 이로써 조선인들도 많이 살고 있던 간도가 완전히 청나라 땅이 되었어요.

실패를 딛고 다시 떠난 북극 탐험

피어리는 실패를 겪었지만 북극점 정복을 포기하지 않았지요. 오히려 다음 탐험을 더욱 차근차근 준비했어요.

그 뒤 1905년, 피어리는 두 번째로 북극으로 나섰지요. 이번에는 배를 타고

▲ 북극 지방에 사는 이누이트족

첫 번째 탐험 때보다 좀 더 북쪽으로 가서 개썰매를 이용하기로 했어요. 이누이트족의 사냥법과 털가죽 옷도 활용했지요. 하지만 결과는 또 실패였어요. 날씨도 좋지 않았고 식량과 연료도 부족했기 때문이에요.

피어리는 두 번의 실패를 거울삼아 새로운 계획을 짰어요. 1908년 7월, 그는 세 번째 북극점 정복에 나섰지요. 이번에는 테오도어 루스벨트 대통령까지 나서서 그를 배웅해 주었어요. 그는 다시 눈 덮인 북극 땅 앞에 섰어요. 이미 두 번의 좌절을 겪은 뒤라 그의 눈매는 비장했지요.

여러 개의 캠프를 치는 극지법으로 나아가다

피어리는 출발 전에 대원들을 여섯 팀으로 나누었어요. 전엔 모두 한꺼번에 북극점을 향해 나아갔지만, 이제 다른 방법을 쓰기로 한 거예요.

피어리는 먼저 출발한 팀이 길을 개척해 예정된 지점에 제1 캠프를 세우도록 했어요. 그러면 나머지 팀들이 그 길을 따라 거기까지 갔지요. 그 다음엔 다른 팀이 가서 제2 캠프를 세우고, 나머지 팀들이 그 뒤를 따르도록 했어요. 이런 식으로 그는 대원들의 힘을 아낄 수 있었지요. 이런 극지 탐험 방식을 극지법이라고 부르는데, 뒷날 히말라야의 산들을 오르는 데도 널리 쓰였답니다.

피어리는 처음에는 순조롭게 북극점으로 나아갈 수 있었어요. 하지만 곧 바람이 거세게 불고 기온이 내려가 준비해 간 석유까지 꽁꽁 얼어버렸지요. 1909년 3월 27일에 그의 탐험대는 북위 87도 6분 지점에 도달했어요. 두 번째 도전 때에 발길을 돌렸던 바로 그곳이었지요.

마침내 북극점 정복에 성공하다

피어리는 멈추지 않고 앞으로 나아갔어요. 북위 87도 47분에 다다르자 거기서부터는 대원 다섯 명만 같이 가기로 했지요. 하루에 20킬로미터 넘게 가야 하는 힘든 길이었지만 그 누구도 투덜거리지 않았어요.

1909년 4월 6일, 썰매를 달리던 피어리는 태양과 관측 장비들을 보고 마침내 북극점에 닿은 것을 알았어요. 오랜 꿈이 이루어진 영광스러운 순간이었지요.

오늘날에는 피어리가 실제로 북극점에 도달하지 못했다고 주장하는 사람들도 있어요. 하지만 그는 실패를 거듭해도 포기하지 않고 끈질기게 노력했고, 그것은 우리가 배워야 할 훌륭한 점이랍니다.

북극점을 정복한 피어리의 탐험대

타이타닉호의 비극을 부른 빙산

1912년, 영국의 호화 여객선 타이타닉호가 북대서양에서 가라앉았어요. 무게가 4만 6328톤에 길이가 269미터나 되는 큰 배였지만 빙산에 부딪혀 침몰했지요. 빙산은 빙하에서 떨어져 나와 바다를 떠도는 얼음덩어리예요. 큰 것은 높이가 10층 빌딩과 맞먹고 길이도 수 킬로미터가 넘어요. 빙산이 위험한 까닭은 크기를 잘 가늠할 수 없기 때문이에요. 빙산은 7분의 6 정도는 바닷속에 숨겨져 있거든요. 북대서양에는 한 해 평균 300개가 넘는 빙산이 떠다녀요. 그래서 타이타닉호 사건 이후 북대서양을 지나는 배에 빙산의 위치를 알려 주는 국제 빙산 정찰대가 생겼답니다.

바닷물 표면 밑으로 숨은 빙산

4 남극점을 향해 달린 아문센과 스콧

로알 아문센 : 1872~1928년

로버트 스콧 : 1868~1912년

노르웨이의 탐험가 로알 아문센의 꿈은 북극점 정복이었어요. 하지만 미국인 피어리가 먼저 북극점에 도달하자 남극점으로 눈을 돌렸지요. 그런데 영국의 로버트 스콧도 남극점을 정복하고 싶어했어요. 해군 대령인 스콧은 이미 한 차례 남극 대륙을 탐험한 적이 있었지요.

아문센과 스콧의 남극점 정복 대결

아문센과 스콧은 1910년 6월에 각자의 나라를 떠나 남극을 향해 출발했어요. 그리고 다음해 1월에 남극에 도착했지요. 그런데 아문센은 스콧보다 남극점에서 100킬로미터 정도 더 가까운 곳에 기지를 세웠어요. 얼음을 헤치고 나아가는 프람호를 이용한 덕분에 출발부터 더 유리한 위치에 선 거예요.

> 아문센은 1911년에, 스콧은 1912년에 남극점에 닿았어요. 탐험에 나선 건 둘 다 1910년이에요.

이때 세계는?
대한 제국의 이완용이 1910년에 일본과 한·일 병합 조약을 맺었어요. 우리나라가 나라의 권리를 빼앗기고 일본의 식민지가 된 거예요.

조랑말을 싣고 남극 대륙으로 향하는 스콧

아문센과 스콧은 썰매를 끌게 한 동물도 서로 달랐어요. 아문센은 썰매 개를, 스콧은 조랑말을 이용했지요. 스콧의 탐험대는 나중에 조랑말이 추위로 쓰러지는 바람에 큰 고생을 하게 돼요. 또 두 사람은 탐험할 때 입은 옷에서도 차이가 났지요. 아문센은 추위를 견디려고 이누이트족처럼 털가죽 옷을 입었어요. 하지만 스콧은 영국의 공장에서 만든 최신식 모직 방한복을 입었지요. 물론 이 옷은 영하 40도가 넘는 남극의 추위에 제구실을 하지 못했답니다.

준비와 전략에서 뒤진 스콧

아문센은 1911년 10월 20일에, 스콧은 10월 24일에 기지를 출발했어요. 아문센은 동상으로 얼굴이 붓고 피가 났지만 계속 남극점을 향해 나아갔지요. 그의 탐험대는 위도 1도를 나아갈 때마다 저장소를 만들어 식량을 묻었어요. 나중에 쉽게 찾을 수 있도록 높은 깃발로 표시도 했지요. 그런 효율적인 작전 덕분에 남극점에 가까워 갈수록 짐은 점점 줄었고 속도도 더 빨라졌어요.

하지만 스콧은 그런 방법을 쓰지 않았지요. 게다가 가져간 동력 썰매 한 대가 바다에 빠지는 사고도 겪었어요. 조랑말도 얼어 죽었기 때문에 가는 길은 더욱 힘들었지요. 또 그는 가는 길에 남극의 자연에 대해 조사하고 표본을 모으기도 했어요. 아문센은 스키나 개썰매에 능한 사람들로 탐험대를 꾸렸지만, 그는 과학자들을 많이 데리고 왔던 거예요.

이렇게 과학 탐사까지 함께 하려고 하니 스콧의 발길은 더욱 더뎠지요. 그래서 출발은 나흘밖에 차이가 나지 않았지만 두 탐험대의 거리는 시간이 지날수록 점점 더 벌어졌답니다.

인류 최초로 남극점을 정복한 아문센

1911년 12월 14일, 마침내 아문센은 네 명의 탐험 대원들과 함께 남극점에 이르렀어요. 그는 남극점에 노르웨이의 깃발을 꽂은 뒤 축하의 기념 사진을 찍었지요.

남극점에 도달해 깃발을 꽂은 아문센(가장 왼쪽)

한편, 스콧의 탐험대는 어떻게 되었을까요? 아문센이 남극점에 먼저 도착한 사실을 까맣게 몰랐던 그들은 죽을힘을 다해 남극점으로 갔어요. 조랑말도 없이 걸으며 갖은 고생을 한 끝에 1912년 1월 18일에 남극점에 닿았지요. 하지만 그곳에는 이미 노르웨이의 국기가 펄럭이고 있었어요.

남극점에 도달한 스콧(뒷줄 가운데)과 그의 탐험대

스콧은 탐험대를 이끌고 허탈하게 발걸음을 돌렸어요. 남극의 매서운 추위는 지칠 대로 지친 그들의 몸을 더욱 힘들게 했지요. 결국 그들은 모두 남극의 얼음 속에서 죽음을 맞이하고 말았어요. 그리고 그해 11월, 구조대가 그들의 시신과 스콧의 일기장을 찾아냈지요. 스콧의 일기장을 통해 마지막까지 용기를 잃지 않았던 그들의 굳은 정신이 세상에 알려졌답니다.

스콧의 탐험대를 기리는 남극의 기념비

아문센은 남극점을 정복한 뒤에도 북동 항로(유럽에서 북동쪽인 시베리아 북쪽 해안을 거쳐 태평양에 이르는 뱃길)를 항해하고, 비행선을 타고 북극을 횡단하는 등 쉬지 않고 탐험 활동을 했어요. 그러나 1928년 6월, 북극 탐험 중에 실종된 이탈리아 탐험가 노빌레를 찾아 나섰다가 자신도 영영 돌아오지 못했답니다.

5 졸음과 싸우며 대서양을 횡단한
린드버그

1902~1974년

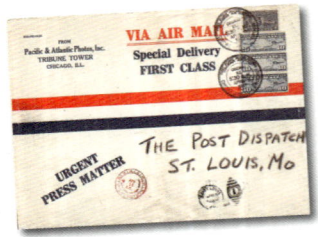

▲ 린드버그가 비행기로 나르던 우편물

찰스 린드버그는 역사상 최초로 단 한 번도 중간에 착륙하지 않고 혼자 비행기로 대서양을 건넜어요. 그는 원래 미국의 세인트루이스에서 비행기로 우편물을 배달하던 사람이었어요. 그가 왜 이런 위험한 비행에 나서게 된 것일까요?

> 난 1927년에 처음으로 혼자 비행기로 대서양을 가로질렀어요.

이때 세계는?
1929년에 미국에서 대공황이 일어났어요. 대공황이란 갑자기 경제가 너무 나빠지는 것을 말해요. 대공황은 유럽까지 퍼져서 10여 년 동안 이어졌지요.

대서양 하늘을 가로지르는 도전

린드버그가 대서양을 건너기 전에 먼저 대서양을 가로지른 사람이 있었어요. 1919년에 영국의 올콕과 브라운이 함께 비행기로 대서양 횡단에 성공해 많은 찬사와 축하를 받았지요.

그런데 뉴욕에서 호텔을 경영하던 레이먼드 오티그는 이것이 조금 불만스러웠나 봐요. 그는 그저 대서양 한쪽 끝에서 다른 쪽으로 건너는 것보다는 유명한 도시들 사이를 비행하는 게 더 가치 있다고 생각했어요. 그래서 미국 뉴욕에서 프랑스 파리까지 쉬지 않고 비행하는 사람에게 2만 5천 달러를 주겠다고 발표했지요.

그 뒤로 수많은 젊은이들이 이 비행에 도전했지만, 8년 동안이나 성공한 사람은 아무도 없었답니다. 그 당시 비행기는 지금처럼 계기판이 있는 것이 아니어서 자신의 감각만으로 날아야 했어요. 게다가 올콕과 브라운은 3,000킬로미터가 조금 넘는 거리를 비행했지만, 뉴욕에서 파리까지 가려면 훨씬 더 먼 거리인 5,800여 킬로미터를 날아야 했지요.

'세인트루이스의 정신'으로 도전하다

린드버그는 비행을 좋아해서 직업까지 항상 비행기를 탈 수 있는 일로 택했어요. 그래서 자연히 이 도전에 관심을 가졌지요. 그는 사람들이 왜 자꾸 무착륙 비행에 실패하는지 생각했어요. 답은 하나였지요. 비행기에 5,000킬로미터 이상 비행할 충분한 연료를 실을 수 없었기 때문이에요. 이에 그는 새로운 비행기를 만들어서 도전하기로 결심했어요.

린드버그는 5인용 비행기를 개조해, 조종석을 제외한 나머지 부분에 모두 연료 탱크를 놓았지요. 비행기에 꼭 실어야 하는 낙하산, 구조 신호용 조명탄은 물론이고 라디오조차 달지 않았어요. 무게를 줄여서 연료를 아끼기 위해서였지요. 나중에 계산해 보니 새 비행기에는 모두 6,600킬로미터를 날 수 있는 연료가 실렸답니다.

린드버그는 새 비행기의 이름을 '세인트루이스의 정신'이라고 지었어요. 비행기를 만드는 데 많은 도움을 준 세인트루이스 시민들에게 감사의 마음을 표현한 거예요.

파리에 도착한 린드버그

스미스소니언 박물관에 전시된 세인트루이스의 정신

무착륙 단독 비행으로 대서양을 횡단하다

1927년 5월 20일 아침, 린드버그는 드디어 뉴욕의 롱아일랜드를 출발했어요. '세인트루이스의 정신'은 힘차게 하늘을 날았지요. 하지만 저녁때가 되자 예상치 못한 문제가 생겼어요. 생각보다 날씨가 추워서 비행기 날개에 얼음이 덮인 거예요. 그는 손전등으로 날개를 비춰 상황을 살펴 가며 조심히 비행했어요. 다행히 얼음은 몇 시간이 지나자 녹기 시작했지요.

한시름 놓은 순간, 이번에는 쏟아지는 졸음이 린드버그를 괴롭혔어요. 사실 지난 열흘 동안 날씨 때문에 비행기의 출발이 자꾸 미뤄졌었어요. 그래서 린드버그는 그동안 잠을 충분히 자지 못했던 거예요. 게다가 캄캄한 밤에 하늘을 나는 것은 지루하고 재미없는 일이었지요. 그는 정신을 차리려 애쓰며 비행에 집중했어요.

린드버그는 쉬지 않고 33시간 30분 동안을 날아, 파리 시각으로 5월 21일 밤 10시 24분에 르부르제 공항에 도착했어요. 이렇게 해서 그는 최초로 뉴욕과 파리 사이를 쉬지 않고 혼자 날아간 사람이 된 거예요. 목숨을 걸고 하늘의 역사를 새로 쓴 젊은이에게 미국뿐만 아니라 유럽까지 열광했어요.

린드버그가 이 비행에 성공한 이후에 항공기를 이용하는 사람들도 크게 늘어났지요. 이 덕분에 항공기의 숫자가 늘어난 것은 물론이었어요. 이렇게 그의 도전은 장거리 항공 수송의 발판을 마련하는 데 큰 도움이 되었답니다.

린드버드의 비행 성공을 알리는 당시 기사

레이먼드 오티그와 만나는 린드버그(왼쪽)

5장 극한의 세계에 도전하다

6 수중 호흡기로 해양 탐사의 길을 연
쿠스토

1910~1997년

프랑스의 쿠스토는 해군 항공대의 비행기 조종사가 되고 싶어 했어요. 그런데 스물여섯 살 때 교통사고를 당하면서 꿈을 접어야 했지요. 하지만 이 일로 그는 하늘이 아닌 바다에서 새로운 도전을 하게 돼요.

비행사에서 해저 탐험가로 바뀐 꿈

실망에 빠져 있던 어느 날, 쿠스토는 물안경을 쓰고 바닷속으로 들어갔다가 깜짝 놀랐어요. 물속에 상상도 못했던 아름다운 세계가 펼쳐져 있었기 때문이에요. 그곳에선 갖가지 물고기가 미끄러지듯 헤엄치고 해초들이 춤추듯 일렁이고 있었지요. 그는 바닷속의 아름다움에 완전히 마음을 사로잡혔어요. 그리고 조종사의 꿈을 깨끗이 잊게 됐지요. 이제 그는 해양 탐사에 일생을 바치기로 결심한 거예요.

쿠스토는 해군 잠수부가 되어 물안경과 잠수용 헬멧을 쓰고 바닷속을 드나들었어요. 하지만 물속에서 오래 머물지도 자유롭게 움직이지도 못했지요. 그때만 해도 잠수기가 그리 발달하지 못했기 때문이에요. 그는 바닷속에서도 편하게 활동할 수 있는 휴대용 수중 호흡기가 있다면 얼마나 좋을까 하고 생각했어요. 그래서 밤을 새워 연구했지만 과학 지식이 부족해서인지 아무 소용이 없었지요.

> 난 1943년에 수중 호흡기를 만들어 바닷속 잠수의 길을 열었어요.

이때 세계는?
제2차 세계 대전(1939~1945년) 중이었어요. 영국, 미국, 소련 등의 연합국과 독일, 이탈리아, 일본 등의 추축국이 싸웠고, 연합국이 승리했어요.

1930년대 후반의 잠수 장비들

잠수의 역사를 새로 쓴 애퀄렁

쿠스토는 고민을 거듭하던 때에 에밀 가냥을 만나게 됐어요. 가냥은 파리에서 사업용 가스 용기를 만드는 기술자였지요. 쿠스토는 그와 함께 머리를 맞대고 새로운 잠수기 개발에 몰두했어요.

얼마 뒤, 쿠스토와 가냥은 잠수부에게 공급되는 산소의 압력과 양을 적절히 조절하는 밸브를 만들었어요. 쿠스토는 즉시 밸브를 단 수중 호흡기를 메고 물속으로 뛰어들었지요. 그런데 실패였어요. 수평으로 수영할 때는 괜찮았지만 몸을 세우면 숨을 잘 쉴 수가 없었던 거예요. 이들은 고심 끝에 배기구와 흡입기의 위치를 바꿔 문제를 해결했답니다.

1943년, 쿠스토와 가냥은 마침내 새로운 휴대용 수중 호흡기로 시험 잠수에 멋지게 성공했어요. 이 스쿠버 장치는 '수중폐'라는 뜻의 '애퀄렁(aqualung)'으로 불리게 됐지요. 애퀄렁 덕분에 사람들은 오랜 시간을 물속에서 자유롭게 움직일 수 있게 되었고, 바닷속 탐사는 예전에 비해 훨씬 쉽고 간단해졌어요.

바닷속 세상을 다큐멘터리로 소개하다

쿠스토는 그 뒤로도 해군에 소속되어 바닷속 탐사를 계속하다가 1949년에는 해군을 떠나 자신만의 새로운 길을 향해 떠났어요. 이듬해인 1950년에 영국의 군함 칼립소호를 구입해서 바다를 탐사하는 데 필요한 과학 연구 장비와 촬영 장비를 갖춘 해양 탐사선으로 만들었지요. 그는 칼립소호를 타고 전 세계의 바다를 누비며 탐사 활동을 했답니다.

프랑스 라로셀 항구에 정박한 칼립소호(1999년)

쿠스토는 바닷속의 풍경을 다른 사람들에게도 보여 주고 싶었어요. 그래서 1956년에 총천연색으로 바닷속을 찍어 다큐멘터리로 발표했지요. 〈침묵의 세계〉라는 제목이었어요. 그때까지 깊은 바닷속을 전혀 알 수 없었던 일반 사람들은 열광적인 반응을 보였지요. 이 영화로 그는 세계적으로 유명해졌고 칸 영화제 대상인 황금종려상을 받기도 했어요.

이렇게 영화 제작에도 솜씨가 뛰어났던 쿠스토는 어린이들을 위한 교육 프로그램도 만들었어요. 그가 찍은 다큐멘터리 시리즈 〈쿠스토의 해저 세계〉는 여러 나라의 텔레비전에서 방영되었지요. 덕분에 전 세계의 많은 어린이들이 바다에 관심을 갖게 되었답니다.

그 뒤 쿠스토는 환경 운동에도 뛰어들어 해양 생물을 보존하고 바다를 아끼자고 하며, 한 평생을 바다에 바쳤지요. 그래서 사람들은 그를 '캡틴 쿠스토(쿠스토 선장)'라고 부르고 있답니다.

7 세계의 최고봉 에베레스트에 오른
힐러리와 텐징

에드먼드 힐러리
1919~2008년

텐징 노르가이
1914~1986년

북극점과 남극점이 차례로 정복되자 세계 탐험가들의 관심은 에베레스트 산으로 쏠렸어요. 에베레스트 산은 세계에서 가장 높은 산으로 높이가 약 8,850미터에 이르지요. 탐험가들은 자신과 나라의 명예를 위해 너도나도 에베레스트 산 정상에 오르려고 나섰답니다.

에베레스트 산 정복을 위한 영국의 노력

에베레스트 산 정상 정복에 가장 열심인 나라는 영국이었어요. 영국은 1900년대 초까지 세계에서 가장 강한 나라였지요. 그런데 북극점은 미국의 피어리가, 남극점은 노르웨이의 아문센이 먼저 정복하자 자존심이 상했어요. 그래서 이번만은 다른 나라에 일등을 양보할 수 없었지요.

영국은 1921년에 먼저 에베레스트 산의 조사에 나섰어요. 산길을 살피고 주변의 지도를 만든 거예요. 그리고 다음 해에 1차 원정에 나섰지요. 그때 등산가 조지 말로리, 조지 핀치, 찰스 브루스가 8,225미터까지 올랐어요. 인류 역사상 처음으로 8,000미터가 넘는

영국 에베레스트 조사단의 모습

산을 오르는 기록을 세운 것이지요. 그러나 1924년의 2차 원정에서는 안타깝게도 비극이 일어났어요. 말로리를 비롯한 다른 대원 하나가 눈사태로 실종된 거예요. 이렇게 영국의 도전은 좌절과 실패로 얼룩졌어요.

> 우리 1953년에 세계 최초로 에베레스트 정상에 오르는 데 성공했어요.

이때 세계는?
우리나라에서 6·25 전쟁(1950~1953년 7월)이 벌어지고 있었어요. 북한의 기습 공격으로 한반도에서 전쟁이 일어나게 된 거예요.

여덟 번의 실패 끝에 다시 도전하다

1953년, 영국은 9차 에베레스트 원정대를 보냈어요. 이번에는 전과 달리 티베트 쪽이 아닌 네팔 쪽에서 정상으로 출발하게 되었지요. 이 길은 그전까지 산에 오르기가 더 어렵다고 생각해서 시도하지 않던 길이었어요. 하지만 원정 대장인 존 헌트는 정상에 오르겠다는 굳은 의지로 네팔의 한 마을에서 3주 동안 고지에 적응하는 훈련을 했지요. 힘든 훈련이었지만 대원들은 말없이 대장의 지시를 따랐어요. 이번에도 실패한다면 사람들을 볼 낯이 없을 테니까요.

어느 정도 고지에 적응한 헌트의 대원들은 마침내 등반을 시작했지요. 그들은 피어리가 북극점을 정복할 때처럼 교대로 올라가며 캠프를 세웠어요. 그리고 마침내 마지막 제8캠프에 이르게 되었지요. 헌트는 토마스 부르딜롱과 찰스 에번스를 뽑아 정상에 오르게 했어요. 두 사람은 온 힘을 다해 올라갔지만 갑자기 날씨가 방해를 했어요. 눈보라가 너무 거세게 불기 시작해서 더 이상 갈 수 없었던 거예요. 두 사람은 아쉬움을 머금고 제8캠프로 돌아와야 했지요.

에베레스트 산에 오르는 길

에베레스트 산 원정대들의 베이스 캠프

에베레스트 정상에 오르다

헌트는 에드먼드 힐러리와 텐징 노르가이를 뽑아 다시 정상으로 보내기로 했어요. 힐러리는 영국 연방 국가인 뉴질랜드 사람이었어요. 뉴질랜드의 산에서 등반 경험을 쌓은 후 에베레스트 원정대에 참여했지요. 텐징 노르가이는 네팔의 셰르파였어요. 셰르파는 네팔에 사는 티베트 산악 부족이지요. 유럽인들은 에베레스트 산의 지형을 잘 아는 그들을 안내자로 삼곤 했어요.

셰르파 부족 사람들이 험한 산길을 가는 모습

힐러리와 텐징은 8,100미터까지 오른 뒤 산속에서 하룻밤을 보냈어요. 그리고 다음 날인 1953년 5월 29일, 아침 일찍 정상 정복에 나서 인류 최초로 에베레스트 산 정상에 우뚝 섰답니다. 그런데 여태껏 풀리지 않은 비밀이 하나 있어요. 과연 두 사람 중 누가 먼저 정상에 발을 디뎠을까요? 둘은 수없이 질문을 받았지만 미소만 지을 뿐 끝내 입을 굳게 다물었답니다.

에베레스트 산을 정복한 힐러리와 텐징

에베레스트 산의 원래 이름은 무엇일까요?

에베레스트 산의 원래 이름은 초모룽마예요. 티베트어로 '세계의 어머니 여신'이라는 뜻이지요. 네팔에서는 '사가르마타'라고 해요. 이런 이름을 모르는 유럽인들은 처음에 이 산의 높이를 잰 뒤 '15호 봉우리'라는 재미없는 이름을 붙였어요. 그러다가 나중에야 인도의 국토 측량에 많은 공을 세운 영국인 조지 에베레스트의 이름을 따 에베레스트라고 부르게 됐답니다.

네팔 쪽에서 바라본 에베레스트 산

◎ 탐험 지식 플러스

탐험가가 되려면 어떻게 해야 하나요?

대항해 시대 탐험가들은 허술한 지도와 밤하늘의 별에 기대 탐험을 했어요. 새로운 땅을 찾으려고 위험이 도사리는 바닷길을 헤쳐 나간 거예요. 반면, 요즈음 탐험가들은 편리한 교통수단과 GPS같은 첨단 기술을 이용하지요. 또 과학적인 연구를 하거나 인간의 한계에 도전하기 위해 길을 나서기도 해요. 하지만 과거와 현재의 탐험가들에게도 공통점은 있어요. 바로 누구도 밟지 않은 미지의 세계를 탐사하겠다는 도전 정신이지요. 여러분도 이런 도전을 하고 싶나요? 그렇다면 탐험가가 되기 위해 어떤 준비를 해야 하는지 알아볼까요?

첫째, 튼튼한 몸과 마음은 모든 일의 기본!

탐험가가 되려면 우선 체력을 강하게 키워야 해요. 아마존의 정글이나 남북극과 같은 극지대를 탐험한다고 생각해 보세요. 그런 곳에서 식량이 떨어지고 기후까지 나빠진다면 어떻게 될까요? 건강이 약하다면 탐험의 목표를 이루기는커녕 생명을 지키는 데만 급급하게 될 거예요. 또 몸이 튼튼해야 동료가 위험에 처했을 때도 도와줄 수 있어요.
긍정적으로 생각하는 마음도 필요해요. 탐험을 하다 보면 한 치 앞을 내다볼 수 없는 위험한 상황에 놓일 수도 있어요. 하지만 웃음과 여유를 잃지 않는 태도를 가진 사람이라면 스스로에게 자신감을 불어넣으며 어려움을 무사히 극복할 수 있답니다.

바닷속 탐험

둘째, 두둑한 배짱과 끈기있는 마음을 기르자!

우린 추위도 험한 산길도 두렵지 않아.

무섭고 두렵다고 앞으로 나아가지 않는 사람은 아무것도 탐험할 수가 없어요. 성공한 탐험가들은 어떤 어려움도 용기와 인내로 이겨냈답니다. 포르투갈 사람이던 마젤란은 말이 서투르다고 에스파냐 선원들에게 무시를 당하고 반란까지 겪었어요. 하지만 기죽지 않고 반란을 잠재워 지휘권을 다시 잡았지요.
또 쿠스토도 새로운 수중 호흡기를 개발하다가 바닷속에서 죽을 뻔했어요. 하지만 결코 겁먹고 계획을 중단하지 않았지요. 이 두 사람 다 목표를 이룰 때까지 어려움을 참아 냈어요. 그리고 결국 자신의 탐험으로 역사의 새 장을 열었지요.

셋째, 지식과 기술은 최고의 생존 무기!

동굴 탐험

극지방 탐험

탐험가는 풍부한 지식과 유용한 기술을 갖추고 있어야 해요. 역사 속의 탐험가들이 어떤 과정을 거쳐서 목표를 달성해 냈는지 알아보세요. 그러면 어려운 일을 만났을 때 그들의 지혜를 빌릴 수 있어요.

또 탐험가는 지도를 잘 읽을 줄 알아야 하지요. 지도를 잘못 읽으면 목적지가 아닌 엉뚱한 곳에서 헤매게 되니까요. 물론 각종 통신 기술도 익혀야 해요. 세계에는 무선 통신은커녕 전기도 사용할 수 없는 곳이 아직 많아요. 이런 곳에서는 스마트폰도 노트북도 아무 소용이 없어요. 그래서 모스 기호뿐 아니라 연기, 혹은 깃발을 통해 자기 위치를 알리는 방법도 알아야 한답니다.

넷째, 그날그날 기록하는 습관을 들이자!

내 탐험 일지는 전설이 될거야!
ㅋㅋ

역사에 이름을 남긴 탐험가 중에는 탐험을 하다가 병이나 사고로 생을 마친 사람들이 있어요. 하지만 그들의 탐험 이야기는 후세에 자세히 전해졌지요. 이건 그들이 탐험 일지를 남겼기 때문이에요.

탐험가가 되고 싶다면 평상시에도 항상 메모하고 기록하는 습관을 가지세요. 그래야 탐험에 나섰을 때에도 빼놓는 것 없이 꼼꼼하게 일지를 적을 수 있어요. 탐험 일지는 탐험가 개인의 기록이자 탐험의 역사가 되지요. 이런 탐험 일지는 탐험의 순간순간을 수많은 사람들에게 생생히 전해 큰 감동을 주기도 한답니다.

우주 탐험

이제 마지막으로 남은 탐험지는 바다야.

아니야. 우주라고.

둘 다 맞아. 바다도 우주도 아직 정복하지 못한 미개척지니까.

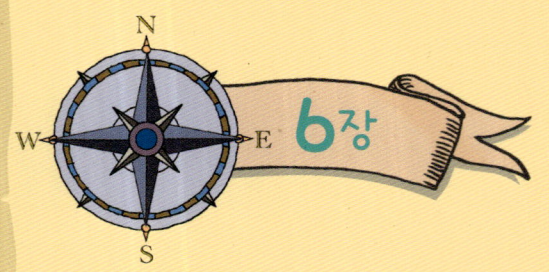

6장

최후의 미개척지를 향하여

오늘날 지구상의 거의 모든 곳에는 이미 인간의 발길이 닿았어요.
하지만 인류는 한계를 시험하는 도전을 멈추지 않고 있지요.
사람들은 극지방이나 세계의 최고봉 탐험을 계속하는 가운데
지구 밖으로도 눈을 돌리기 시작했어요.
어떤 어려움에도 꺾이지 않는 탐험에 대한 열정이
우리를 저 먼 우주까지 이끈 거예요.
그럼 어떤 사람들이 이러한 도전에
나섰는지 알아볼까요?

10개국 군축 위원회 개최	1960년
인류 최초의 우주 비행사, 가가린 ①	1961년
부분적 핵실험 금지 조약	1963년
달 세계에 첫발을 딛은 암스트롱 ②	1969년
이란·이라크 전쟁	1980~1988년
소련, 체르노빌 원전 사고	1986년
독일, 베를린 장벽 붕괴 중국, 톈안먼 사태	1989년
독일 통일	1990년
소련 해체	1991년
3극점 7대륙 최고봉 등정에 성공한 허영호 ③	1992~1995년
유럽 연합(EU) 출범	1993년
세계무역기구(WTO) 출범	1995년
이웃 별 화성을 탐사한 마스 패스파인더 ④	1996~1997년
영국, 중국에 홍콩 반환	1997년
포르투갈, 중국에 마카오 반환	1999년
미국, 9·11 테러	2001년
미국·이라크 전쟁	2003~2011년
미국, 오바마 정부 출범	2009년
우리나라 최초의 우주 발사체, 나로호  ⑤	2010~2013년
미국 항공우주국, 나사(NASA)가 궁금해요!	탐험 지식 플러스
동서를 잇는 교역로에는 어떤 길들이 있었나요?	한눈에 보는 탐험 속 세계사

1 인류 최초의 우주 비행사, 가가린

1934~1968년

1950년대에 미국과 소련은 모든 일에서 경쟁을 벌였어요. 우주 개척도 예외가 아니었지요. 두 나라는 상대방보다 먼저 우주로 나가려고 피나는 노력을 펼쳤어요. 결국 인류 역사상 처음으로 우주에 발을 내딛은 나라는 소련이었답니다.

스푸트니크 1호, 우주 시대를 열다

1957년 10월 4일, 소련은 세계를 깜짝 놀라게 하는 발표를 했어요. 인공위성 스푸트니크 1호를 우주로 쏘아 보내 지구 궤도에 올려 놓았다고 한 거예요. 경쟁자인 미국은 큰 충격을 받았지요. 하지만 마음을 가라앉힐 틈도 없었어요. 11월 3일에 스푸트니크 2호가 발사되었기 때문이에요. 더 놀라운 건 그 안에 개까지 한 마리 타고 있었다는 사실이었어요. 소련이 최초로 우주에 생명체를 내보낸 거예요. 우주 개발에서 앞서 있다고 자신하던 미국은 무척 당황했지요.

4년이 흐른 1961년, 소련은 또 한 차례 놀라운 소식을 전 세계에 알렸어요. 4월 12일에 인류 역사상 처음으로 사람을 태운 우주선 보스토크 1호를 발사했다는 것이었지요. 최초의 우주 비행사는 유리 가가린이었어요. 그는 항공 학교를 졸업하고 공군 사관 학교에서 조종사의 꿈을 키웠어요. 그리고 보통 하늘이 아닌 우주를 나는 조종사가 돼 꿈을 이루었지요.

> 난 1961년에 역사상 처음으로 우주로 나간 사람이 되었어요.

이때 세계는?
1963년에 소련 모스크바에서 부분적 핵실험 금지 조약이 맺어져요. 이 조약에는 지하 핵실험을 하지 말자는 약속이 빠져 있어요.

러시아 박물관의 보스토크 1호 로켓의 모형

소련과 미국의 치열한 우주 개발 경쟁

이제 우주 여행은 더 이상 공상 과학 소설에서만 나오는 얘기가 아니었어요. 가가린이 우주 비행을 성공한 이상, 실현 가능한 현실이 된 것이지요. 인류 최초의 우주 비행사 가가린은 세계적으로 유명해졌고 소련에서 영웅 대접을 받았어요.

하지만 그 후 가가린은 우주로 나가는 대신 우주 비행사들을 훈련시키는 일을 맡았지요. 하지만 안타깝게도 그는 1968년에 훈련을 하다가 비행기 추락으로 죽고 말았답니다.

한편, 미국도 가만히 있지만은 않았어요. 가가린이 우주에 갔다 온 지 한 달쯤 지난 1961년 5월, 미국의 프리덤 7호가 사람을 태우고 우주 비행에 성공한 거예요. 이듬해 2월에는 프렌드십 7호가 우주로 나갔지요. 그 안에 타고 있던 존 글렌 중령은 5시간 동안 지구를 세 바퀴나 돌고 돌아왔어요. 움츠렸던 미국의 어깨가 조금 펴지는 순간이었지요.

가가린과 보스토크 1호의 궤도

엥겔스 시 남서쪽 26km 지점 착륙 / 엥겔스 / 바이코누르 우주 센터 / 유럽 / 아프리카 / 소련 / 아시아 / 인도양 / 오세아니아 / 태평양 / 북아메리카 / 미국 / 대서양 / 남아메리카

러시아 박물관의 보스토크 1호 모형

가가린의 귀환 캡슐과 우주복

비로소 시작된 우주 개발의 역사

우주 개발의 경쟁자를 따라잡았다는 미국의 기쁨은 그리 오래가지 못했어요. 소련이 1962년 8월에 보스토크 3호와 4호를 하루걸러 쏜 뒤, 우주에서 나란히 비행시키는 데 성공했기 때문이에요.

이듬해 6월 16일, 소련은 보스토크 6호를 쏘아 올려 또 하나의 기록을 세웠어요. 세계 최초로 여성 우주 비행사를 우주로 보낸 것이었지요. 발렌티나 테레시코바는 보스토크 6호를 타고 지구를 마흔여덟 바퀴나 돌고 돌아와서 미국의 코를 납작하게 만들었답니다.

하지만 우주 진출 경쟁은 그것으로 끝나지 않았어요. 가가린이 막을 연 우주 비행의 역사는 이제 시작됐지요. 그 뒤 미국과 소련은 서로 먼저 달에 사람을 보내려고 또다시 경쟁을 벌였답니다. 그 결과는 어떻게 되었을까요?

테레시코바의 우주 비행을 기념하는 소련의 우표

인공위성의 역사에 대해 알아보아요!

인공위성은 지구나 다른 행성 둘레를 계속 돌도록 만든 물체예요. 인공위성을 처음 생각해 낸 사람은 영국의 과학자 뉴턴이었지요. 그는 1687년에 이와 관련한 이론을 발표했어요. 일정한 속도 이상으로 물체를 쏘아 올리면 달처럼 지구 주위를 돌 수 있다는 것이었지요. 이 이론을 처음으로 실현시킨 것이 소련의 스푸트니크 1호였어요. 스푸트니크 1호는 무게가 83.6킬로그램인 캡슐 모양 물체였지요. 이 위성은 96분에 한 번씩 지구 궤도를 돌다가 1958년 1월에 지구 대기로 떨어져 타 버렸어요.
오늘날 우주에는 약 2천여 개에 달하는 세계 여러 나라의 인공위성이 지구 궤도를 따라 돌며 활동하고 있답니다.

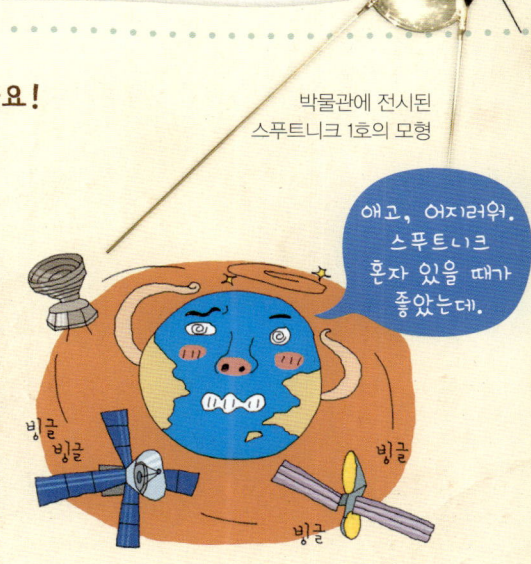

박물관에 전시된 스푸트니크 1호의 모형

2 달 세계에 첫발을 딛은 암스트롱

1930~2012년

1969년 7월 16일, 텔레비전을 보던 미국 사람들의 눈길은 한곳으로 모아졌어요. 플로리다 주의 케네디우주센터에서 우주선 한 대가 솟아올랐기 때문이에요. 이 우주선은 아폴로 11호로, 인류 최초로 달에 가려고 막 지구를 떠난 것이었지요. 미국은 1960년대 초부터 인간을 달에 보내는 계획을 추진하고 있었어요. 그 노력이 드디어 결실을 맺은 거예요.

1969년, 아폴로 11호 달에 가다

우주로 날아간 아폴로 11호에는 세 명의 우주 비행사가 타고 있었어요. 닐 암스트롱, 에드윈 E. 올드린, 마이클 콜린스였지요. 아폴로 11호는 사흘을 날아 간 끝에 달 궤도에 들어섰어요. 암스트롱과 올드린은 달 착륙선인 이글호로 옮겨 탔지요. 콜린스는 아쉽지만 우주선에 남아 있어야 했어요. 한 사람은 우주선을 지키다가 달 착륙을 마치고 돌아오는 사람들을 맞이해야 했으니까요.

이글호는 조심스럽게 달에 착륙했어요. '고요의 바다'라고 불리는 달의 북동쪽 평원 위였지요. 1969년 7월 20일, 오후 4시 17분 40초에 사상 최초로 인류가 달에 간 거예요! 암스트롱과 올드린은 약 여섯 시간 동안 이글호 안에서 밖으로 나갈 준비를 했어요. 그리고 오후 10시 56분, 암스트롱이 먼저 이글호 밖으로 나와 역사적인 첫걸음을 내딛었지요.

> 난 1969년에 인류 역사상 처음으로 달에 갔어요.

이때 세계는?
이스라엘과 아랍 연맹이 1967년에 제3차 중동전쟁을 벌였어요. 이 전쟁은 6일 만에 끝나서 6일 전쟁이라고도 해요.

▶ 달에 착륙한 암스트롱
▶▶ 인간이 달에 남긴 첫 발자국

달에 간 최초의 지구인, 암스트롱

암스트롱이 달에 발을 디디는 장면은 지구로 생중계되었어요. 조심스럽게 발걸음을 내딛은 그는 지구에 메시지를 보냈지요.

"이것은 한 사람의 작은 발걸음에 불과하지만, 인류에게는 위대한 도약이 될 것입니다."

이 말은 우주 개척의 역사에 길이 남았답니다.

올드린도 뒤따라 달에 내려섰어요. 둘은 넘어지지 않으려고 애를 써야 했지요. 수많은 시간을 달과 비슷한 환경에서 훈련받았지만, 막상 지구보다 중력이 작은 달 표면을 걸으려니 잘 되지 않았던 거예요.

암스트롱과 올드린은 달 표면에서 흙과 암석 표본을 채취하고 준비해 간 과학 기기들을 설치했어요. 그들은 그렇게 2시간 30분 동안 달에서 활동한 뒤 21일에 달을 떠났지요.

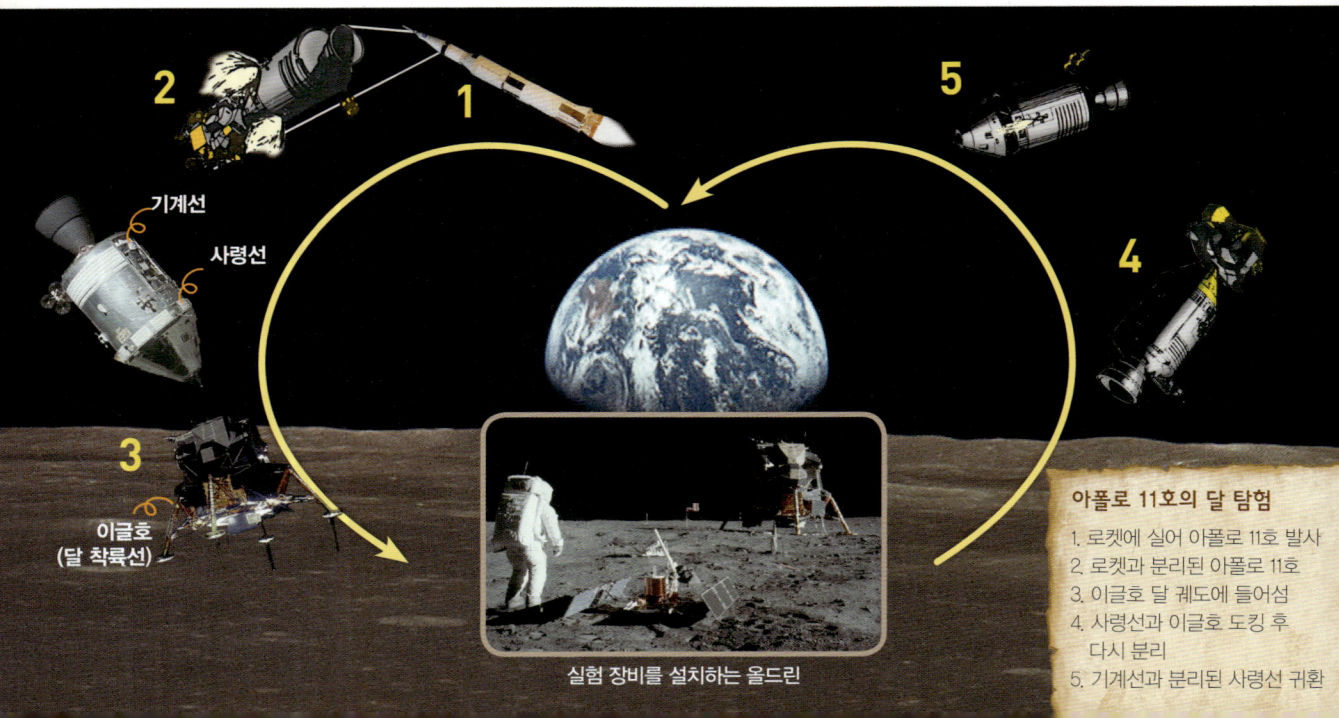

실험 장비를 설치하는 올드린

아폴로 11호의 달 탐험
1. 로켓에 실어 아폴로 11호 발사
2. 로켓과 분리된 아폴로 11호
3. 이글호 달 궤도에 들어섬
4. 사령선과 이글호 도킹 후 다시 분리
5. 기계선과 분리된 사령선 귀환

우주 과학 기술을 한 단계 높인 아폴로 11호

이글호는 무사히 달 궤도에 진입해 아폴로 11호와 도킹하는 데 성공했어요. 도킹이란 우주선이나 인공위성이 우주 공간에서 서로 만나 합체하는 것을 말해요.

다시 만난 세 명의 우주 비행사는 이제 지구로 돌아올 준비를 했어요. 최대한 무게를 줄이기 위해 이글호와 연료를 실었던 기계선은 버리고 왔지요. 아폴로 11호는 사령선, 달 착륙선, 그리고 기계선의 세 부분으로 이루어져 있었거든요. 이들은 사령선만 타고 7월 24일에 태평양 바다로 떨어졌어요. 모두 무사했지요.

낙하산과 튜브를 이용하여 태평양에 내려앉은 사령선

아폴로 11호 우주 비행사들은 전 세계 사람들의 환영을 받았고 여러 나라에서 초청도 받았어요. 선장인 암스트롱은 나머지 두 비행사들을 데리고 우리나라를 포함하여 스물한 개의 나라를 방문했답니다. 그가 달에 다녀온 뒤 미국은 1972년까지 다섯 번에 걸쳐 열 명의 우주 비행사를 더 달에 보냈어요.

달 착륙 이후 우주 개발 경쟁의 주도권은 미국으로 넘어갔어요. 소련이 먼저 루나 9호를 달에 착륙시키긴 했지만, 거기에 사람은 타고 있지 않았거든요. 아폴로 11호가 달 착륙에 성공한 덕분에 인류는 우주 과학 기술을 크게 발전시킬 수 있었답니다.

아폴로 11호의 암스트롱, 콜린스, 올드린(왼쪽부터)

3 3극점 7대륙 최고봉 등정에 성공한
허영호

1954년에 태어남

허영호는 우리나라를 대표하는 탐험가예요. 그의 취미는 등산이었는데 점차 시간이 갈수록 실력이 발전해 갔어요. 그래서 1974년에는 한국 산악회 히말라야 원정대의 훈련 대원으로 뽑혔지요.

난 1992년부터 1995년까지 남극점, 북극점에 도달하고 에베레스트 산을 등정했으며, 각 대륙의 가장 높은 산에 올랐어요.

이때 세계는?
소련이 1991년에 해체되었어요. 1922년에 탄생하여 최대 열다섯 개의 나라를 묶었던 연방이 무너진 거예요.

에베레스트 산을 정복한 두 번째 한국인

허영호는 그 뒤에도 계속 등반 실력을 쌓았어요. 그리고 1982년 5월 20일, 히말라야 산맥에 있는 마칼루 산(8,463미터) 정상에 올랐지요. 사람들은 깜짝 놀랐어요. 유명한 등반가도 아니었던 그가 어느 날 단 한 번에 세계에서 다섯 번째로 높은 봉우리에 올랐으니까요.

1983년 10월, 허영호는 마나슬루 산(8,163미터) 정상에 무산소, 단독 등반으로 올랐어요. 그곳은 우리나라 산악인들 사이에 죽음의 산으로 알려진 험한 산이었지요. 마나슬루 산의 정상에 오르다가 죽은 국내외 산악인들이 수십 명에 달했거든요. 그런 산을 그가 산소 호흡기도 없이 혼자 오른 거예요. 그러자 이제 아무도 그의 실력을 의심하지 않게 되었지요.

허영호는 그 뒤에도 꾸준히 히말라야 산맥의 봉우리들에 올랐어요. 그리고 1987년 12월 22일에 드디어 에베레스트 정상에 섰지요. 우리나라 사람으로는 고상돈에 이어 두 번째로 에베레스트 산 정상에 오른 것이었답니다.

에베레스트 정상에 선 허영호

각 대륙 최고봉과 극점 정복에 도전하다

허영호는 이제 히말라야의 봉우리들을 어느 정도 등정했다고 생각했어요. 그래서 북극점과 남극점, 그리고 각 대륙의 가장 높은 산을 오르기도 했지요. 허영호는 1990년과 그 이듬해에 연속으로 걸어서 북극점에 가는 탐험을 떠났어요. 그러나 뛰어난 탐험가인 그에게도 북극점 도달은 쉽지 않았지요. 결국 처음에는 유빙(물 위에 떠도는 얼음덩어리) 때문에 돌아서야 했어요.

그 후 그는 1992년에 남아메리카의 아콩카과 산, 북아메리카의 매킨리 산, 아프리카의 킬리만자로 산을 차례로 올랐어요. 1994년에는 오세아니아의 푼착자야 산(칼스텐츠 산)에 오르고, 1년 후 유럽의 엘브루스 산도 등정했지요. 뒤이어 1994년 1월 10일에 걸어서 남극점을 밟았고, 여세를 몰아 1995년에 얼어붙은 북극해(1,800킬로미터)도 걸어서 횡단했어요. 그리고 같은 해에 북극점에도 닿았답니다.

- 유럽 — 엘브루스 산 (5,642m)
- 아시아 — 에베레스트 산 (8,850m)
- 북아메리카 — 매킨리 산 (6,194m)
- 아프리카 — 킬리만자로 산 (5,895m)
- 오세아니아 — 푼착자야 산 (4,884m)
- 남아메리카 — 아콩카과 산 (6,959m)
- 남극 — 빈슨 산 (4,871m)

▲ 각 대륙 최고봉
● 북극점
● 남극점

끊임없이 극한의 도전에 나서다

1995년, 허영호는 드디어 남극 대륙의 최고봉인 빈슨 산 등정에 나섰어요. 동료 대원 두 명과 함께 출발한 그는 12월 12일에 정상에 올랐지요. 이로써 지구의 3극점(남극점, 북극점, 에베레스트 산 정상)에 도달하고 7대륙 최고봉 정상에 모두 오른 세계 최초의 탐험가가 된 거예요.

허영호가 이렇게 어려운 도전에 성공할 수 있었던 것은 참을성과 체력 덕분이에요. 그는 강한 정신력과 체력이 없다면 산에서 살아 내려올 수 없다는 신념으로 도전했다고 해요.

허영호는 이후에도 쉬지 않았어요. 그는 2007년 5월 17일에 1993년에 이어 세 번째로 에베레스트 산 정상에 올랐지요. 또 3년 후에는 아들과 함께 에베레스트 산 정상에 올랐어요. 이로써 그는 에베레스트 산에 네 번이나 올라, 우리나라에서 가장 많이 에베레스트 산을 등정한 사람이 되었답니다.

2010년 5월 17일에 아들과 함께 에베레스트 산에 선 허영호

우리나라의 자랑스런 **탐험가**는 또 누가 있나요?

고상돈은 1977년 9월 15일에 스물아홉 살의 나이로 에베레스트 산을 등정했어요. 우리나라에서 처음으로 에베레스트 산에 오른 것이지요. 하지만 안타깝게도 그는 2년 뒤 북아메리카의 최고봉 매킨리 산에 올랐다가 내려오는 길에 사고로 세상을 떠났어요. 그가 태어난 제주도에서는 고상돈의 추모비를 세워 그의 도전 정신을 기리고 있어요.

우리나라를 대표하는 또 다른 등산가로는 엄홍길이 있어요. 그는 1985년부터 히말라야 산맥의 봉우리들을 오르기 시작했지요. 그리고 1988년에 에베레스트 산 정상에 올랐어요. 그는 몇 차례 실패하기도 했지만 결국에는 8,000미터가 넘는 열네 개 봉우리에 모두 올랐지요. 이런 성과는 우리나라 탐험가로서는 최초이고 세계적으로도 흔치 않은 기록이랍니다.

한라산에 있는 고상돈 대장의 동상

4 이웃 별 화성을 탐사한
마스 패스파인더

발사 : 1996년 12월 통신 끊김 : 1997년 9월

    마스 패스파인더는 미국 항공우주국, 나사(NASA)의 제트 추진 연구소(JPL)가 쏘아올린 화성 탐사선의 이름이에요. 마스 패스파인더에는 소형 탐사 로봇인 소저너가 실려 있었어요. 마스 패스파인더는 1996년 12월 4일에 지구를 출발하여, 7개월 후인 1997년 7월 4일 성공적으로 화성에 착륙하였어요.

화성 탐사의 역사가 시작되다

    1960년대에 미국과 소련은 누가 먼저 달에 가느냐만 놓고 경쟁을 벌인 것이 아니에요. 지구와 이웃하고 있는 화성에도 상대방보다 먼저 가려고 했지요.

    소련이 먼저 화성 탐사선들을 발사했지만 그 탐사선들은 지구 궤도도 벗어나지 못하고 추락하고 말았어요. 그래도 안심하고 있을 수만은 없던 미국은 급히 화성을 탐사할 계획을 세웠지요. 1964년, 드디어 미국이 매리너 4호를 발사했어요. 결과는 성공이었지요. 매리너 4호는 화성에서 9,600여 킬로미터 떨어진 곳을 지나면서 화성 표면의 사진 스물두 장을 지구로 보내왔어요.

    5년 후 미국은 매리너 6호와 7호를 약 한 달 간격으로 쏘아 올렸어요. 이 탐사로 화성에 수증기가 있다는 사실이 밝혀지기도 했지요.

> 난 1996년부터 1997년까지 화성을 탐사했어요.

이때 세계는?
영국은 아편 전쟁의 결과로 홍콩을 통치하다가, 1898년에 99년 동안 홍콩을 빌려 쓰는 협정을 맺었어요. 그리고 1997년에 중국에게 홍콩을 돌려주었지요.

바이킹 1호가 화성으로 착륙선을 보내는 모습

화성 탐사는 1970년대에 더욱 활기를 띠었어요. 1971년에 발사된 매리너 9호는 최초로 화성 주위를 돈 인공위성으로, 화성 표면의 약 80퍼센트를 촬영하기도 했어요. 4년 후 쏘아 올린 바이킹 1호와 2호는 미국 탐사선으로서는 처음으로 화성에 내려앉아 탐사를 하는 성과를 거두었지요.

디스커버리 계획으로 마스 패스파인더가 탄생하다

그로부터 20년 후인 1996년, 나사는 우주 개발 계획의 예산 축소라는 큰 위기를 맞게 되었어요. 이때 미국의 항공우주국을 지휘하고 있던 다니엘 골딘이 기획한 행성 탐사 계획을 '디스커버리 계획'이라고 해요. 그는 '보다 빠르게, 보다 좋게, 보다 싸게'라는 목표를 세웠지요.

마스 패스파인더를 만들고 있는 과학자들

이 계획으로 만들어진 것이 마스 패스파인더(Mars Pathfinder)라는 이름을 가진 화성 탐사선이에요. '마스'는 화성을 말하고 '패스파인더'란 '개척자'라는 뜻이니, 마스 패스파인더는 '화성 탐사를 위한 개척자'를 의미하지요.

마스 패스파인더, 화성에 착륙하다

마스 패스파인더가 지구를 떠난 것은 1996년 12월 4일이었어요. 이후 7개월 동안 약 1억 9100만 킬로미터를 날아가 1997년, 미국의 독립 기념일인 7월 4일에 화성에 도착하였지요. 미국인들은 마스 패스파인더가 화성에 착륙하는 모습을 보고 환호성을 질렀어요.

마스 패스파인더의 착륙에 사용된 에어백

마스 패스파인더는 지름 1미터의 풍선 같은 에어백 스물네 개를 이용하여 화성에 착륙하였어요. 에어백을 이용한 착륙은 저예산을 목표로 하였던 디스커버리 계획의 성공을 의미했어요.

화성에 물이 존재한다는 사실을 확인하다

마스 패스파인더에는 탐사 로봇인 소저너가 실려 있었어요. 소저너라는 이름은 흑인 노예 폐지론자인 미국 여성 소저너 트루소의 이름을 따서 지었다고 해요. 화성에서 탐사 활동을 한 소저너는 지구가 아닌 다른 행성을 탐험한 인류 최초의 동력 장치가 되었지요.

소저너는 여섯 개의 바퀴를 가지고 있어서 1분에 약 60센티미터씩 움직일 수 있었어요. 그리고 암석을 분석할 수 있는 후각 장치가 달려 있어 바위나 흙의 성분을 냄새를 통해 알아냈지요.

마스 패스파인더는 미국의 항공우주국의 지시를 소저너에게 전하고 소

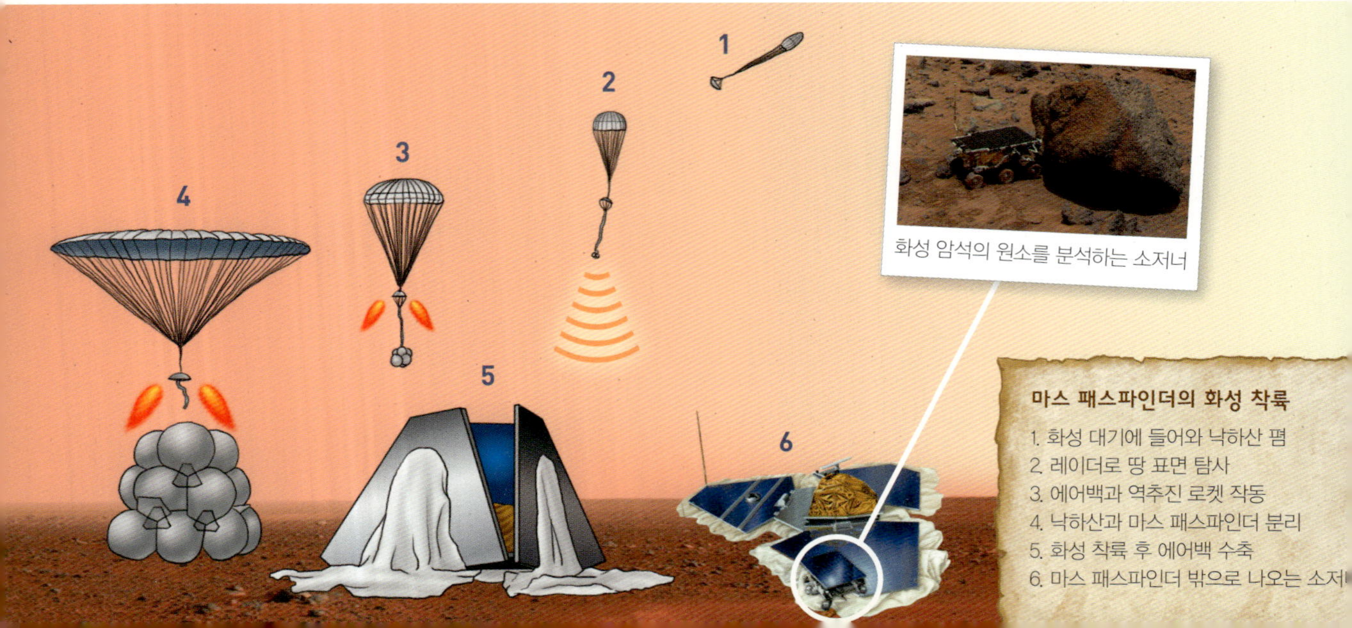

화성 암석의 원소를 분석하는 소저너

마스 패스파인더의 화성 착륙
1. 화성 대기에 들어와 낙하산 폄
2. 레이더로 땅 표면 탐사
3. 에어백과 역추진 로켓 작동
4. 낙하산과 마스 패스파인더 분리
5. 화성 착륙 후 에어백 수축
6. 마스 패스파인더 밖으로 나오는 소저

저너가 모은 자료를 나사로 보내는 기지 역할을 했어요.

소저너가 화성에서 활동하면서 모은 자료들을 통해 처음 마스 패스파인더가 착륙하였던 아레스벨리스 평원이 약 300만 년 전에 대홍수로 인해 생겨났다는 것을 확인할 수 있었어요. 이것으로 화성에 물이 존재한다는 사실이 간접적으로 입증되었지요.

수개월 동안 활발한 활동을 벌이던 소저너는 1997년 9월에 이르러 통신 불능 상태가 되었어요. 마스 패스파인더도 같은 해 9월 27일 10시 23분에 마지막으로 데이터를 전송하고 나서 지구와 교신이 끊어졌지요. 지금도 화성 어딘가에는 임무를 다하고 스러져 간 소저너와 마스 패스파인더의 잔해가 남아 있을 거예요.

오늘날에도 계속되는 인류의 화성 탐사

마스 패스파인더의 성공적인 활동은 인간의 탐험 정신을 우주 개발로 이끌어 지구인의 꿈과 희망을 실현해 주었어요. 화성은 자연환경이 지구와 가장 비슷하여 지구의 자원이 고갈되었을 때 지구인이 이주해 살 수 있는 가장 적합한 행성이라고 해요. 그래서 지금도 미국을 비롯한 여러 나라들은 화성 탐사에 열을 올리고 있어요.

지구와 화성의 크기 비교

소저너 이후의 화성 탐사 로봇, 오퍼튜니티와 큐리아시티

5 우리나라 최초의 우주 발사체, 나로호

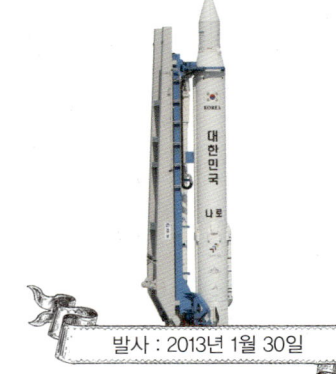

발사 : 2013년 1월 30일

한국 항공우주연구원은 2009년 한국의 우주 탐사를 위한 첫걸음으로 전남 고흥군 봉래면에 나로우주센터를 세웠어요. 그리고 2013년 1월 30일 오후 4시에 우리나라 최초의 우주 발사체인 나로호가 힘차게 하늘로 날아올랐지요.

나로우주센터가 세워지다

우주 탐사를 하기 위해서 가장 먼저 필요한 것은 우주선을 쏘아 올릴 우주 기지를 세우는 것이에요. 그래서 한국 정부는 2009년 6월 11일 나로우주센터를 세웠어요. 비록 러시아의 기술 협력으로 건설되었지만 나로우주센터는 한국의 과학과 IT기술이 더해진 우주 기지로, 대한민국의 자부심이에요.

나로우주센터의 발사대는 초속 60m의 강풍이 불어도 흔들리지 않도록 건설되었어요. 그리고 최대 200회에 걸쳐 우주 발사체를 쏘아 올릴 수 있지요. 나로우주센터에는 발사대 외에도 발사와 관련된 모든 통제 시설을 갖추고 있는 발사 통제동이 있어요. 우주 발사체 조립을 직접 수행하는 조립 시험 시설도 있지요.

또한 우주선에서 보내오는 로켓의 위치를 추적하기 위해 각종 데이터

> 난 2013년에 대한민국이 최초로 우주로 쏘아 보낸 로켓이 되었어요.

이때 세계는?
튀니지에서 2011년에 재스민 혁명이 일어났어요. 재스민 혁명은 국화 이름을 딴 이 민주화 운동이에요.

우주 발사체 추적 장치가 있는 추적 레이더동

를 수신하는 추적 레이더 장치, 원거리 자료를 받을 수 있는 원격 자료 수신 장비, 영상 자료 분석을 위한 광학 추적 장비 등을 갖추고 있답니다.

이외에도 기상을 알아보는 기상 관측소와 어린이들에게 꿈을 심어 줄 수 있는 우주 과학관도 나로우주센터 안에 있어요. 우주 과학관에는 로켓과 인공위성의 모형이 전시되어 있지요.

한국 최초의 우주 발사체, 나로호 발사에 실패하다

나로우주센터 건립으로 우리나라는 세계에서 열세 번째 우주 기지를 가진 국가가 되었어요. 나로우주센터가 세워지자, 한국 항공우주연구원은 한국 최초의 우주 발사체인 나로호를 발사하기 위해 모든 힘을 기울이기 시작하였어요. 아직 우리 자체 기술이 없기 때문에 러시아의 도움을 받아 나로호를 제작하였지요.

그러나 나로호를 쏘아 올리는 일은 결코 쉽지 않았어요. 한 가지 결함을 고치면 또 다른 결함이 발견되어 여섯 번이나 발사가 연기되었지요.

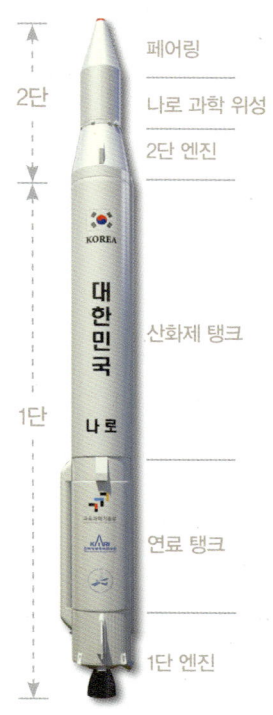

나로호 자세히 보기

나로호 발사 과정
1. 나로도 발사대에서 나로호 발사
2. 음속 돌파 뒤 페어링 분리
3. 1단 엔진 연소 뒤 1단 분리
4. 2단 엔진 연소 뒤 위성 분리
5. 나로 과학 위성 궤도로 올림

나로우주센터
전남 고흥군 봉래면 예내리 하반 마을

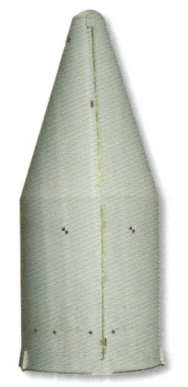

인공위성을 보호하는
덮개 페어링

페어링이
분리되는 모습

한국항공우주연구원에서
개발한 나로 과학 위성

1단 로켓이 제대로 작동하여 안심하고 있으면, 2단 로켓의 위성을 보호하는 덮개인 페어링에 문제가 나타나거나, 소화 장치가 오작동하기도 하였어요. 특히 러시아 기술진들이 제작한 1단 로켓의 경우, 우리나라 기술진에게 정보를 공개해 주지 않아서 어떤 문제가 발생했는지 알기도 어려웠지요.

드디어 2009년 8월 25일 오후 5시, 나로우주센터에서 역사적인 첫 발사가 이루어졌어요. 하지만 나로호는 목표 궤도인 지구 상공 300킬로미터 궤도에 과학기술 위성 2호를 올려놓는 데 실패하고 말았지요. 러시아의 기술로 만들어진 1단 로켓은 분리가 잘 되었지만, 2단계 페어링 분리에서 양쪽 페어링이 다 분리되지 않고 한쪽만 분리되었기 때문이었어요. 무게 증가로 인해 위성이 균형을 잃고 빙글빙글 도는 텀블링 현상이 일어나기도 했지요.

나로우주센터는 2010년 6월 10일 2차 발사를 시도하였어요. 그러나 두 번째 시도도 137초 만에 실패하고 말았어요. 나로호 2차 발사 실패 원인을 두고 우리나라와 러시아 연구진 사이에 서로에게 책임이 있다는 의견 대립이 일어났어요. 우리나라는 러시아가 만든 1단 추진 시스템이 이상 작동한 것이라고 주장하였고, 러시아는 우리가 제작한 2단 비행 종단 시스템이 잘못 작동했다고 주장하였지요. 그러나 어느 것이 진실인지는 확실히 밝혀지지 않았어요.

나로호 발사 성공으로 세계에서 열한 번째 우주 선진국이 되다

나로우주센터는 두 차례의 실패를 발판 삼아, 2013년 1월 30일 오후 4시 3차 발사에 도전하였어요. 전 국민은 물론 세계가 지켜보는 가운데 나로호는 힘차게 하늘로 날아올랐지요. 나로호는 232초 만에 1단 엔진을 바다에 떨어뜨렸고, 395초에 2단 엔진을 점화한 후, 540초 만에 나로호에 탑재된 '나로 과학 위성'을 분리 시켰어요.

거듭된 실패 끝에 대성공을 이루어낸 것이에요. 이로써 대한민국은 미국, 러시아 등 우주 선진국이 가입되어 있는 스페이스 클럽의 열한 번째 회원국이 되었답니다.

대한민국 최초의 우주 발사체 나로호의 발사 모습

당당히 우주로 솟아오른 나로호

탐험 지식 플러스

미국 항공우주국, 나사(NASA)가 궁금해요!

나사는 어떤 곳인가요?

미국 항공우주국 나사(NASA, National Aeronautics & Space Administration)는 미국의 우주 개발에 대한 모든 일을 맡고 있는 국가 기관이에요. 우주선을 만들어 발사하고 우주선이 보내온 데이터를 분석하는 일을 하고, 또 우주 비행사들을 키우고 우주를 관측하는 임무를 맡고 있지요.

나사의 본부는 미국의 수도인 워싱턴에 있어요. 나사는 미국 곳곳에 연구소, 비행장 등 열일곱 개 시설이 있고, 나라 안팎에 여러 개의 추적소도 갖고 있답니다.

나사의 로고와 워싱턴 본부

나사는 언제 만들어졌나요?

나사의 탄생에는 소련의 우주 개발이 큰 영향을 끼쳤어요. 1957년에 소련이 인류 최초로 인공위성 스푸트니크 1호를 발사했지요. 이 일로 세계 최고를 자부하던 미국의 자존심은 크게 금이 갔어요. 단지 자존심 문제만이 아니었어요. 사실 이것은 미국에게는 재앙 어린 뉴스였지요. 우주로 인공위성을 쏘아 올릴 정도의 로켓이라면 핵폭탄을 싣고 미국 땅으로 날아올 수도 있기 때문이에요. 미국은 이른바 '스푸트니크 충격'에 휩싸였어요. 이에 당시 대통령이던 아이젠하워는 1958년에 서둘러 나사를 설립했지요. 미국은 그 이후 나사에 엄청난 예산을 들이며 지원을 아끼지 않았어요.

나사가 이룬 성과는 무엇인가요?

나사는 미국의 여러 국가 기관에서 각자 진행하던 우주 개발을 모두 맡게 되었어요. 나사의 우주 개발은 크게 두 가지로 성격으로 나뉘지요. 첫 번째는 사람을 우주로 보내는 유인 우주선 사업이고, 두 번째는 우주선이나 인공위성만 보내는 무인 우주선 사업이에요.

1966년에 제미니 8호와 인공위성 간의 도킹으로 최초로 우주 도킹을 이룬 일과 1973년에 미국 최초의 우주 정거장 스카이랩을 쏘아 올린 일은 유인 우주선 사업이었어요.

스카이랩에서 샤워를 하는 우주 비행사

무인우주선 사업도 기억할 만한 것이 많아요. 1962년에 매리너 2호가 최초로 금성에 갔고, 12년 후 매리너 10호는 수성을 탐사했어요. 파이오니아 10호는 1973년에 최초로 목성을 지나 태양계 밖으로 나간 우주선이 되었지요. 그리고 1977년에 발사된 보이저 1, 2호는 목성, 토성, 천왕성, 해왕성과 그 위성들을 관찰했답니다.

파이오니아 10호를 만드는 과학자들

나사는 지금 어떤 일을 하고 있나요?

나사는 2000년대 이후 화성 탐사에 힘을 기울이고 있어요. 그동안의 탐사로 한때 화성에 물이 있었고 지금도 극지방에는 얼음이 쌓여 있다는 사실이 밝혀졌지요. 나사는 달에 기지를 세울 방법을 찾고 있는데, 그곳을 화성 개발의 근거지로 삼기 위해서랍니다. 물론 토성, 목성 등 태양계의 다른 행성이나 혜성과 소행성에 대한 탐험도 계획하고 있어요.

나사는 여러 사업에 대학과 일반 기업이 참여하도록 북돋고 있어요. 최근엔 일반 기업들이 우주선 개발에 많이 참여해서, 그 기술을 바탕으로 우주 관광 산업을 이끌고 있지요. 우주선을 타고 국제 우주 정거장에 다녀오는 관광으로 여행객

국제 우주 정거장과
스페이스엑스사의 캡슐 우주선

을 모으는 거예요. 이 여행에는 무려 2,000만 달러에서 3,500만 달러(225억에서 395억원)라는 엄청난 큰돈이 들어요. 그래도 꿈에나 그리던 우주 여행이 인간에게 정말 가능한 현실이 되었다는 점에서 많은 사람들이 큰 관심을 보이고 있지요. 이렇게 나사의 활동은 과학적 성과에만 머무는 것이 아니라 우리 생활의 모습을 바꾸고 있기도 하답니다.

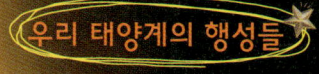
우리 태양계의 행성들

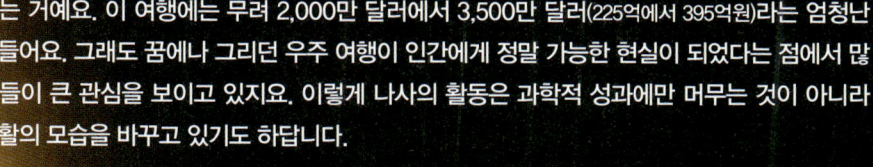

- 비단길
- 초원길
- 바닷길

유목 민족들이 만든 길! 초원길

초원길은 중국 북쪽의 초원에서 흑해 연안까지 이어지는 길이에요. 중앙아시아의 초원에서 생활하는 유목 민족들이 주로 이용했지요. 유목 민족이란 이리저리 돌아다니면서 말, 양, 염소 등을 키우며 사는 민족이에요. 유명한 유목 민족으로는 흉노, 선비, 유연, 돌궐, 몽골 등이 있어요.

칭기즈 칸이 일으켰던 몽골 제국의 유럽 원정도 초원길을 통해 이루어졌어요. 흑해 북쪽에 살던 스키타이인의 기마술과 공예술, 청동기 문화가 우리나라에 전해진 것도 초원길 덕분이랍니다.

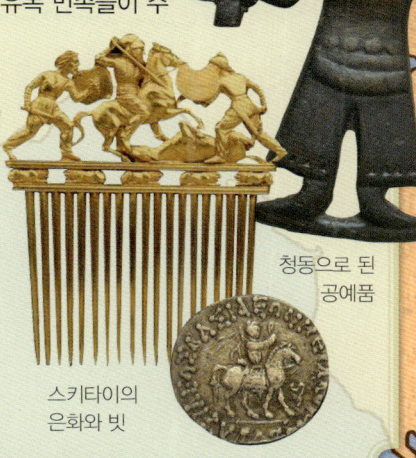

청동으로 된 공예품

스키타이의 은화와 빗

거센 파도를 헤치고 나간다! 바닷길

바닷길은 중국 남부에서 시작되어 멀리 지중해와 아프리카 동부 연안까지 연결되었어요. 이 길을 통해 동남아시아의 향신료가 유럽에 전해져 비싸게 팔렸지요. 8세기 이후 바닷길에서는 아라비아 상인들의 활동이 두드러졌어요. 이들은 중국은 물론 신라의 울산항이나 고려의 벽란도까지 들어왔지요. 울산항이나 벽란도는 신라나 고려에서 가장 큰 무역항이었지요.

아라비아 상인들이 고려에서 가져가는 것은 인삼이었어요. 인삼이 인기가 높아 고려도 '코리아(Corea)'라는 이름으로 서양에 알려지게 되었지요. 또 바닷길을 통해 상좌부 불교(규범을 지키는 일과 개인의 해탈을 중요하게 생각하는 불교의 한 갈래)가 아시아에 널리 퍼지고, 아라비아의 지리학, 천문학, 수학, 의학이 중국에 전해지기도 했답니다.

명나라 정크 선들과 아라비아의 배(오른쪽)

바닷길로 수출된 명나라의 도자기

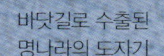

지은이와 쓴 글

김영
1장 4. 6. 7. 8. 9. 탐험 지식 플러스
2장 1. 2. 3. 4. 5.
3장 1. 2. 3. 4. 5. 6. 7. 8.
4장 1. 2. 3. 6.
5장 1. 2. 3. 4. 5. 6. 7.
6장 1. 2. 3.

송영심
1장 1. 2. 3. 5.
2장 탐험 지식 플러스
3장 탐험 지식 플러스
4장 4. 5. 탐험 지식 플러스
5장 탐험 지식 플러스
6장 4. 5. 탐험 지식 플러스
부록 한눈에 보는 탐험 속 세계사

사진 출처

밝은 여행, 연합뉴스, 이미지코리아, 한국항공우주연구원, 허영호, Dreamstime, Flickr(Alexandre Prévot, Axel Peju, Bernt Rostad, Владимир Шеляпин, c.hug, Chris Watson, Damien du Toit, Dennis Jarvis, derek keats, drs2biz, Edwin 11, ethantw, Fiore S. Barbato, greenacre8, ilkerender, Kecko, Lars Plougmann, Mike Weston, Mikko Koponen, NOAA Photo Library, putneymark, QuartierLatin1968, Xuan Che, Σταύρος), Photos, Wikimedia Commons(Akira Kamikura, Albert Backer, Allard Schmidt, Alvesgaspar, Armael, Bjørn Christian Tørrissen, Dada, Dave Bunnell, David Adam Kess, Diego Delso, Dirk Pons, ESA/Hubble and Digitized Sky Survey 2, Fabio Alessandro Locati, G.dallorto, Georges Jansoone, Hans Stieglitz, Heikenwaelder Hugo, Iris Diensthuber, Jamling Tenzing Norgay, Janmad, Jgaldames, Jolle, Ludmiła Pilecka, Manuel González Olaechea, Marie-Lan Nguyen, Mrtony37, Muzzauk, Mytwocents, NASA-National Aeronautics and Space Administration, NOAA-National Oceanic and Atmospheric Administration, Oceancetaceen, Orion 8, Paebi, PHGCOM, Pom², RedCoat, Rubén Ojeda, sailko, Sbork, Thorsten, Tomasz Sienicki, U.S. Air Force, Uniphoto Press, Uttam h, Uwe Kils & Wiska Bodo, Vmenkov, Wolfgang Sauber, World Imaging, Yann), Wikipedia. org(Axda0002, Beatriz Moisset, BernardTom, Captmondo, Cascoly, Costyn, Centpacrr Zubro, Franknam96, Georges Jansoone, Guillaume Jacquet, Jaontiveros, Jeblad, Kbh3rd, Luca Galuzzi, Luis García, Maciej Szczepańczyk, Manfred Brückels, Mgiganteus, Norbert Nagel, Pavel Novak, Peter17, PHGCOM, Rvalette, sailko, Si Gam Aceh, Simon Leonidovitch Kozhin, Stefan Schäfer_Lich, US Post Office Department, Wallace, WP, کاویانی درفش)

- 이 책에 실린 사진은 저작권자의 허락을 받아 게재한 것입니다.
- 저작권자를 찾지 못해 게재 허락을 받지 못한 일부 사진은 저작권자가 확인되는 대로 게재 허락을 받고 통상 기준에 따라 사용료를 지불하겠습니다.

찾아보기

ㄱ

가가린 · 174
간다라 미술 · 29
갈라파고스 제도 · 118, 120
고상돈 · 182, 185
고선지 · 30
괴혈병 · 72, 104, 109
극지법 · 152
기호 · 138
긴 배 · 37

ㄴ

나로 과학 위성 · 191, 192
나로우주센터 · 190, 191, 192, 193
나로호 · 190
나사(NASA) · 186, 187, 194, 195
난센 · 142
노르만족 · 34
노예 무역 · 57, 111, 122, 125

ㄷ

다윈 · 118
대상 · 196
대항해 시대 · 69, 74, 75, 170
델타(삼각주) · 16
동방견문록 · 41
동인도 회사 · 98, 101
드레이크 · 94
등고선 · 138
디스커버리 계획 · 187

ㄹ

라이트 형제 · 146
리빙스턴 · 122
린드버그 · 158

ㅁ

마르코 폴로 · 38, 74
마리아나 해구 · 136
마스 패스파인더 · 186
마젤란 · 82, 96, 170
마추픽추 · 89
말루쿠 제도 · 82, 85
메카 순례 · 42
목테수마 2세 · 80
몽골피에 형제 · 149
무적함대 · 97
믈라카 · 48
미라 · 17
미케네 · 133

ㅂ

바닷길 · 197
바르톨로메우 디아스 · 58
바스쿠 다 가마 · 61, 70
바이킹 · 34, 69
박물학 · 118, 127
방위표 · 138
범례 · 138
베링 · 102
보스토크 1호 · 174

북동 항로 · 157
북서 항로 · 109
비글호 · 118, 120
비단길 · 26, 29, 30, 32, 33, 38, 196
빈란드 · 36, 37

ㅅ

산살바도르 · 62
산타마리아호 · 49, 62, 75
삼각 무역 · 110
상좌부 불교 · 197
서역 · 28, 29, 30, 31, 32
세계 시민주의 · 21
세인트루이스의 정신 · 160, 161
소저너 · 186, 188, 189
슐리만 · 130
스콧 · 154
스키피오 · 24, 25
스탠리 · 125
스푸트니크 1호 · 174, 177
시암 · 46, 101, 126, 127, 128
십자군 전쟁 · 74

ㅇ

아가멤논 · 133
아리스토텔레스 · 18, 51
아마존 강 · 92, 93, 114
아메리고 베스푸치 · 65, 69
아문센 · 145, 154, 166

아바스 왕조 · 32, 196
아스테카 제국 · 78, 80, 81
아스트롤라베 · 75
아폴로 11호 · 178, 181
알래스카 · 104, 105
알렉산드로스 대왕 · 18
알렉산드리아 · 21
암스트롱 · 178
앙리 무오 · 126
앙코르 와트 · 126, 128, 129
엄홍길 · 185
애퀄렁 · 164
에드먼드 힐러리 · 166
에리크 · 34
에릭손 · 36
엔히크 · 54, 58
엘도라도 · 90
여행기 · 45
역사 · 16, 17
오레야나 · 90
오토 릴리엔탈 · 146
우주(코스모스) · 117
유목 민족 · 197
이누이트족 · 69, 150, 154
이븐 바투타 · 42
인공위성 · 139, 177, 181, 187, 191, 194
잉카 제국 · 86, 88, 89, 90

ㅈ

자마 전투 · 24, 25
장건 · 26

정화 · 46
제임스 쿡 · 106
종의 기원 · 121
주앙 2세 · 58, 60, 61
지동설 · 74
진화론 · 121

ㅊ

창조론 · 121
채륜 · 33
챌린저 심연 · 136
챌린저호 · 134
천동설 · 74
초원길 · 197
축척 · 138

ㅋ

카라벨 선 · 57, 75
카라크 선 · 75
카르타고 · 22, 23, 24, 25, 50
칼립소호 · 165
캐벗 · 66
코르테스 · 78
콜럼버스 · 34, 41, 49, 62, 66, 69, 75
쿠스토 · 162, 170

##

타스만 · 98
타이타닉호 · 153
탈라스 전투 · 32, 33

텐징 노르가이 · 166
토르데시야스 조약 · 73, 93
토번 · 30, 32
트로이 전쟁 · 130, 131, 133

ㅍ

파미르 고원 · 26, 30, 31, 32
파이티티 · 90
페니키아 · 16, 50
페어링 · 192
포에니 전쟁 · 22, 23, 24, 25
프람호 · 144, 145, 154
플라이어호 · 149
플랜테이션 농장 · 110, 111
피사로 · 86
피어리 · 150, 154, 166, 167
피테아스 · 51

ㅎ

한니발 · 22
해도 · 61
허영호 · 182
헤로도토스 · 14
헬라스 연맹 · 19
헬레니즘 문화 · 20, 21
훔볼트 · 114
흑사병 · 44
희망봉 · 61, 70, 85, 96